Missionary Disciples Going Forth with Joy

NATIONAL PASTORAL PLAN FOR HISPANIC/LATINO MINISTRY

United States Conference of Catholic Bishops

The document National Pastoral Plan for Hispanic/Latino Ministry, *Missionary Disciples Going Forth with Joy* was developed by the Committee on Cultural Diversity in the Church of the United States Conference of Catholic Bishops (USCCB). It was approved by the full body of the USCCB at its June 2023 General Assembly and has been authorized for publication by the undersigned.

Rev. Michael J.K. Fuller, S.T.D.
General Secretary, USCCB

Published by OSV in 2023

Our Sunday Visitor Publishing Division, 200 Noll Plaza, Huntington, IN 46750; www.osv.com; 1-800-348-2440.

ISBN: 978-1-63966-177-0 (Inventory No. T2879)
eISBN: 978-1-63966-186-2
First printing, August 2023

PRINTED IN THE UNITED STATES OF AMERICA

National Pastoral Plan for Hispanic/Latino Ministry

PART I
Pastoral Vision for Hispanic/ Latino Ministry

At this moment of grace, we the bishops of the United States affirm, once again,[1] that the Hispanic/Latino[2] presence among us is a blessing from God for the Church and for our country. The richness of the Hispanic/Latino community has been present in our lands for more than five hundred years.[3] Such blessing, such richness, has become more evident over the past few decades. We have witnessed how our Hispanic/Latino community has reinvigorated the life and mission of thousands of parishes and other Catholic institutions and organizations. God in his mysterious ways has called Hispanics/Latinos to embrace their vocation as joyful missionary disciples to the Church in the United States. Their many gifts and blessings include

- A profound faith in God's providence
- Appreciation of life as a gift from God
- Love for the family
- A sense of community
- An authentic Marian devotion
- Popular religious devotions and traditions
- A sense of hospitality and solidarity
- Ecclesial movements[4] and apostolates

The Hispanic/Latino presence also manifests a profound love for the Church, as well as an increasing leadership role in Catholic institutions and organizations.

We are deeply grateful for the evangelizing pres-

1. See United States Conference of Catholic Bishops (USCCB), *The Hispanic Presence: Challenge and Commitment: A Pastoral Letter on Hispanic Ministry*, November 1983, in USCCB, *Hispanic Ministry: Three Major Documents* (Washington, DC: USCCB, 1995).
2. In this plan we use the term "Hispanic/Latino." The term "Hispanic" has been used historically to refer to people of Spanish-speaking ancestry. It was adopted by Church leadership to help define a people with a common identity, faith tradition, values, vision, and mission. Despite these commonalities, we must also recognize and respect the special identities of people from, or with roots in, the countries of Latin America and the Caribbean and their respective racial, ethnic, and cultural differences, including those of African, European, Asian, and Indigenous ancestry. The term "Latino" is a self-identifying term for people of Latin American ancestry that has emerged from the community and has become widely used by church and community leaders, particularly in urban areas.
3. USCCB, *National Pastoral Plan for Hispanic Ministry* (Washington, DC: USCCB, 1987), no. 7.
4. In this pastoral plan, the term "ecclesial movements" refers to groups that have received canonical recognition as an association of the Christian faithful. This plan also acknowledges the existence and evangelizing contributions of other associations of Catholic laity, apostolic movements, groups, and apostolates.

ence and many gifts of the Hispanic/Latino community. We are also grateful for the process of the Encuentros,[5] with their emphasis on listening, dialogue, discernment, and accompaniment. The encuentro process has been an effective means to generate the vision and mission for Hispanic/Latino ministry by living out a model of Church that is more missionary and evangelizing, a model that strengthens the sense of community.[6] This vision has led to the establishment of Hispanic/Latino ministry in thousands of parishes and in most dioceses. This model has also been fertile ground for the growth of vibrant ecclesial movements, apostolates, and other Catholic organizations. Without a doubt, Hispanic/Latino ministry has been a fruitful experience in the life of the Church in the United States. Yet much more remains to be done.

We have reached a moment of *kairos* (or an opportune time) to articulate a new national pastoral plan for Hispanic/Latino ministry, in direct response to the priorities, recommendations, and pastoral insights generated during the V National Encuentro for Hispanic/Latino Ministry. We have heard the voices of the People of God through the synodal process of the V Encuentro and through the 2018 Synod on Young People, Synod 2021–2024: For a Synodal Church, the National Dialogue on Catholic Pastoral Ministry with Youth and Young Adults initiative (2017–2020), the Journeying Together national intercultural encounter, and Raíces y Alas 2022, and we have articulated their insights and ideas through a process of discernment.

This *National Pastoral Plan* addresses the entire Church in the United States and seeks to strengthen the Church's response to the Hispanic/Latino presence, while embracing and fostering the contributions of Hispanic/Latino Catholics as missionary disciples serving the entire People of God.

We wholeheartedly affirm the V Encuentro's urgent "call for comprehensive and systematic pastoral planning for Hispanic/Latino ministry with a strong focus on evangelization and the formation of missionary disciples."[7] We invite the entire Church of the United States to respond together as one Body in Christ. Our generation has a unique opportunity over the next decade to prepare to celebrate the 500th anniversary of the Guadalupan apparitions and their evangelizing impact in 2031, as well as two thousand years of our redemption in 2033.

We are keenly aware that the Church in the United States will implement this plan within the shifting financial landscape using diminished resources, factors that have further exacerbated economic hardships. Increasing xenophobia and discrimination based on race or ethnic origin are also part of this new reality.

Even though the challenges are many, Pope Francis reminds us that the overflowing creative love of the Holy Spirit propels us to go forth without fear to encounter one another and animates the Church "to become ever more evangelizing and missionary through a process of pastoral conversion."[8] Many Catholic dioceses, parishes, ecclesial movements, institutions, and organizations have already generated creative responses to these new realities. Many Hispanic/Latino and non-Hispanic/Latino communities, organizations, and ministries have also developed their own plans and pastoral strategies to strengthen Hispanic/Latino ministry, in direct response to the pastoral priorities and recommendations of the V Encuentro and other synodal processes. We recognize these efforts. We have been inspired by them as we developed this pastoral plan. At the same time, we strongly encourage that this

---

5. The I Encuentro, which took place in 1972, was a spark that brought to sharper awareness the presence of Hispanics/Latinos in the Church. In the II Encuentro (1976–1978), Hispanics/Latinos identified themselves as a People of God in the journey (*Pueblo de Dios en marcha*). The III *Encuentro* (1982–1985) recognized the prophetic presence and voices of Hispanics/Latinos in our midst. In the IV Encuentro — which became Encuentro 2000 — Hispanics/Latinos identified themselves as bridge builders (*gente puente*) in a culturally diverse Church. For the V Encuentro (2017–2020), Hispanics/Latinos affirmed themselves as joyful missionary disciples. Responding to the urgent need to strengthen ministry among Hispanic/Latino young people, a national *encuentro* for *pastoral juvenil hispana* took place (2002–2005) in which young people affirmed their role as protagonists called to weave together the future of the Church and of society. These expressions are more than just slogans for events or conferences in different places and dates. They are poignant expressions of the maturity developed by Hispanic/Latino people over the decades and their desire to offer their leadership in service of Church and society for decades to come.

6. See USCCB Subcommittee on Hispanic Affairs, *Proceedings and Conclusions of the V National Encuentro of Hispanic/Latino Ministry* (Washington, DC: USCCB, 2019), 19–21, *www.usccb.org/sites/default/files/flipbooks/v-encuentro-conclusions/*.

7. USCCB Subcommittee on Hispanic Affairs, *Proceedings and Conclusions*, 74.

8. Pope Francis, Message to Participants in the Ecclesial Assembly of Latin America and the Caribbean, November 22, 2021, *press.vatican.va/content/sala-stampa/en/bollettino/pubblico/2021/11/21/211122e.html*.

pastoral plan be used as an impetus and resource for ongoing developing, updating, and implementing of pastoral plans and strategies in diverse pastoral settings.

This *National Pastoral Plan* includes the following:

1. The vision and pastoral guidelines that lay a strong foundation for Hispanic/Latino ministry intended for pastoral ministers and educators
2. Pastoral strategies and priorities for dioceses, parishes, regions, and other pastoral settings for pastoral ministers at various levels of experience in Hispanic/Latino ministry
3. National objectives and activities, led by the United States Conference of Catholic Bishops (USCCB), for implementation over the next ten years

To provide vision and direction for every pastoral activity with the Hispanic/Latino community, together we have discerned this **general objective**:

To live and promote a model of Church that
- corresponds to the lived reality of the Hispanic/Latino people, in the context of a culturally diverse society;
- walks as a community of missionary disciples in synodality, solidarity, and mutual engagement;
- is leaven for the Reign of God in the world.

We, the bishops, seek to achieve this general objective of fostering encounters with the living Christ by

- Reaching out to the peripheries
- Creating a culture of encounter
- Accompanying one another
- Getting involved as a promoter and example of justice and mercy
- Inspiring hope with the Word of God, providing integral formation
- Being nourished and transformed by the Eucharist
- Being sent forth to joyfully proclaim the good news of the Gospel and bear fruit in every human situation and in our common home

We strongly believe that this general objective for Hispanic/Latino ministry responds to Pope Francis's call for us to be an evangelizing Church that follows the example of Christ on the road to Emmaus (Lk 24:13–32) by reaching out to people who find themselves on the peripheries of the Church and of society. Our objective is also faithful to the missionary spirit of Our Lady of Guadalupe. In a unique way, Hispanics/Latinos find God in the arms of Mary, the Mother of God, where they experience her goodness, compassion, protection, inspiration, and example, particularly under the advocation of Our Lady of Guadalupe. Pope St. John Paul II says the American continent "has recognized in the *mestiza* face of the Virgin of Tepeyac, 'in Blessed Mary of Guadalupe, an impressive example of a perfectly inculturated evangelization.'"[9] We need this same missionary spirit to continue creating a culture of encounter and to animate our pastoral ministries over the next ten years, helping us journey together as joyful missionary disciples going forth in solidarity and mercy.

9. Pope St. John Paul II, *Ecclesia in America* (*Post-Synodal Apostolic Exhortation on the Encounter with the Living Jesus Christ: The Way to Conversion, Communion and Solidarity in America*), January 22, 1999, no. 11, *www.vatican.va/content/john-paul-ii/en/apost_exhortations/documents/hf_jp-ii_exh_22011999_ecclesia-in-america.html.*

PART II
Pastoral Guidelines for Hispanic/Latino Ministry

1) A community of missionary disciples, nourished and transformed by the Eucharist, that is sent forth to joyfully proclaim the good news of the Gospel and bear fruit in every human situation

> *"It happened that, while he was with them at table, he took bread, said the blessing, broke it, and gave it to them. With that their eyes were opened and they recognized him, but he vanished from their sight … they set out at once and returned to Jerusalem." — Luke 24:30–33*

The Eucharistic sacrifice is the source and summit, the "fount and apex," of the Christian life, by which the faithful are nourished, "transformed into that which we consume," and strengthened for our mission as the Body of Christ in the world.[10] Hispanic/Latino ministry needs the Holy Mass and other services to be available and accessible in Spanish, and also needs the Church to welcome and celebrate those spiritual devotions and cultural traditions that are distinctive and important for the local community.[11] Through the National Eucharistic Revival of the Church in the United States,[12] we have issued an

---

10. Second Vatican Council, *Lumen Gentium* (*Dogmatic Constitution on the Church*), www.vatican.va/archive/hist_councils/ii_vatican_council/documents/vat-ii_const_19641121_lumen-gentium_en.html, nos. 11, 26. See Second Vatican Council, *Sacrosanctum Concilium* (*Constitution on the Sacred Liturgy*), www.vatican.va/archive/hist_councils/ii_vatican_council/documents/vat-ii_const_19631204_sacrosanctum-concilium_en.html, nos. 2, 10; Pope St. John Paul II, *Christifideles Laici* (*Post-Synodal Apostolic Exhortation on the Vocation and the Mission of the Lay Faithful in the Church and in the World*), December 30, 1988, no. 19, www.vatican.va/content/john-paul-ii/en/apost_exhortations/documents/hf_jp-ii_exh_30121988_christifideles-laici.html; Congregation for the Doctrine of the Faith, *Letter to the Bishops of the Catholic Church on Some Aspects of the Church Understood As Communion*, May 28, 1992, no. 3, www.vatican.va/roman_curia/congregations/cfaith/documents/rc_con_cfaith_doc_28051992_communionis-notio_en.html.
11. See USCCB Subcommittee on Hispanic Affairs, *Proceedings and Conclusions*, 39.
12. The National Eucharistic Revival is a three-year initiative we are sponsoring, as the bishops of the United States, "to inspire and prepare the People of God to be formed, healed, converted, united, and sent out to a hurting and hungry world through a renewed encounter with Jesus in the Eucharist. … The Revival officially launched in June 2022, and its milestone event will be a National Eucharistic Congress in Indianapolis July 17–21, 2024. … This Eucharistic movement seeks to bring together clergy, religious, laity, apostolates, movements, and parish and diocesan leaders to spur momentum, collaboration, and lasting impact for the renewal of the Catholic Church in the United States over the next three years [from 2022 through 2025]. Each year will have a strategic focus for formation and missionary discipleship." National Eucharistic Revival, "Frequently Asked Questions," accessed January 17, 2023, *www.eucharisticrevival.org/faqs*.

urgent call for a renewed appreciation of the Real Presence of Jesus in the Eucharist and for **a more profound participation** in this sacrament. We encourage pastoral leaders to use all the means available to the Church to ensure full and active participation by Hispanics/Latinos in the liturgy, which is worship offered to God the Father, through Christ the Son, in the power of the Holy Spirit.

From the Eucharistic celebration, we are sent forth to bear fruit in the world. All the baptized are called to full participation in the life and mission of the Church. That call includes a need for advocacy and action to bring about the participation of all people in the life and goods of society.[13] Therefore, genuine efforts must be made to ensure we include those at the margins or those who feel excluded.[14]

We affirm the vision articulated by the V Encuentro that "Hispanic/Latino ministry prioritizes the young, families, women, and those in the peripheries — including undocumented immigrants, DREAMers, diverse generations, families with insufficient economic resources for a dignified life or who are suffering in countless ways, as well as the professionals in our midst who sometimes are neglected amid a sea of urgent pastoral needs — always with a focus on justice and human development."[15] We also recognize that "the Hispanic/Latino community faces many violations and threats against human dignity, including attacks on the right to life, which is the 'fundamental right and condition for all other personal rights.'"[16] Hispanic/Latino ministry must also prioritize those at the margins within the Hispanic/Latino community itself, those whose lives are under particular threat — for example, persons with disabilities, preborn children, those who are elderly, and those with serious illnesses.

We invite pastoral leaders "to exercise their prophetic role without fear" and to develop or promote specific pastoral responses to the issues that pervade their local communities,[17] while also inviting the faithful to promote the common good on the national and global levels. We urge that our pastoral responses include a wide range of social justice issues and that they comprise both direct services through charitable works as well as advocacy "to address the root causes of problems facing our communities."[18] In this way we will actualize[19] and inculturate[20] the Word in our communities, as the words of Psalm 126:5–6 proclaim: "Those who sow in tears, / will reap with cries of joy. / Those who go forth weeping, / carrying sacks of seed, / will return with cries of joy, / carrying their bundled sheaves."

2) A prophetic Church, animated and formed by the Word, that is a promoter and an example of justice and mercy

"Then beginning with Moses and all the prophets, he interpreted to them what referred to him in all the scriptures." — Luke 24:27

Throughout the history of Hispanic/Latino ministry in the United States, concern for the poor, the mar-

---

13. See Second Vatican Council, *Lumen Gentium*, no. 33; Second Vatican Council, *Sacrosanctum Concilium*, no. 14; and Second Vatican Council, *Gaudium et Spes* (*Pastoral Constitution on the Church in the Modern World*), no. 31, *www.vatican.va/archive/hist_councils/ii_vatican_council/documents /vat-ii_const_19651207_gaudium-et-spes_en.html*.

14. See Synod of Bishops, Secretary General, *Vademecum for the Synod on Synodality*, September 2021, no. 1.4, *www.usccb.org/resources/Vademe-cum-EN-A4.pdf*.

15. USCCB Subcommittee on Hispanic Affairs, *Proceedings and Conclusions*, 26. "The Dream Act would permanently protect certain immigrants who came to the United States as children but are vulnerable to deportation. … The first version of the Development, Relief, and Education for Alien Minors (DREAM) Act was introduced in 2001. In part because of the publicity around that bill, young undocumented immigrants have been referred to as 'Dreamers.' Over the last twenty years, at least eleven versions of the Dream Act have been introduced in Congress. … Despite bipartisan support for each iteration of the bill, none have become law." "The Dream Act: An Overview," American Immigration Council, accessed April 1, 2022, *www.americanimmigrationcouncil.org/research/dream-act-overview*.

16. USCCB Subcommittee on Hispanic Affairs, *Proceedings and Conclusions*, 142, quoting Pope St. John Paul II, *Christifideles Laici*, no. 38.

17. Ibid., 80.

18. USCCB, "Two Feet of Love in Action," accessed January 17, 2023, *www.usccb.org/beliefs-and-teachings/what-we-believe/catholic-social-teaching/two-feet-of-love-in-action*.

19. See Pontifical Biblical Commission, *The Interpretation of the Bible in the Church*, in *Origins*, January 6, 1994, sec. IV.A.

20. See Pope Benedict XVI, *Verbum Domini* (*Post-Synodal Apostolic Exhortation on the Word of God in the Life and Mission of the Church*), September 30, 2010, nos. 114, 116, *www.vatican.va/content/benedict-xvi/en/apost_exhortations/documents/hf_ben-xvi_exh_20100930_verbum-domini.html*.

ginalized, and the suffering has been at the forefront of pastoral planning and accompaniment.[21] According to the Second Vatican Council, the pastoral role of the Church in the world includes promoting justice and the common good.[22] Pope St. Paul VI called the interplay between faith and culture "the drama of our time,"[23] evoking the guiding image of building a civilization of love (*"la civiltà dell'amore"*).[24]

The Church exemplifies its commitment to justice and mercy within its own pastoral activities by making concrete commitments to support a privileged and preferential religious care for and accompaniment of those who are poor and suffering.[25] The prophetic voice of the Church calls for just and humane immigration reform, denounces discrimination and racism, promotes marriage and family, and defends the life and dignity of every person. This prophetic voice is essential for interpreting the challenges of our world today and envisioning a better future for tomorrow.

Just as Jesus gave hope to the disciples on the road to Emmaus by interpreting Sacred Scripture for them, the Word of God continues to serve as a fountain of life for the Church and its mission; the Word is a privileged means for encountering the living Jesus Christ. Throughout the Old Testament, the prophets call our attention to the connection between right worship and right relationship with God and with others. They call our attention to God's preferential love and care for the poor, the orphan, the widow, and the stranger. In the Gospels, Jesus models justice and mercy, calling "blessed" those who are poor, meek, and merciful as well as the peacemakers and the persecuted (Mt 5:3–12; Lk 6:20–22). Jesus reminds us that when we attend to the needs of those who are hungry, naked, or imprisoned, we attend to him (Mt 25:31–40).

We call for the biblical animation of Hispanic/Latino ministry — that is, letting the Bible inspire "every ordinary and extraordinary pastoral outreach."[26] The Word of God announces, heals, guides, encourages, transforms, and instructs. "It goes to the very heart and identity of Christian life. The word has the power to transform lives."[27] Among Hispanic/Latino Catholics, the consultation of the V Encuentro found a great interest in getting to know Sacred Scripture more deeply.[28]

We echo the V Encuentro delegates' call for faith formation and catechesis that inform a lifelong process of learning and personal conversion, always rooted in the personal encounter with Jesus Christ, with a clear emphasis on biblical literacy.[29] Transmission of the faith in the Hispanic/Latino community is supported by strengthening the domestic church; by empowering families to bring the faith to life at home and in their communities; by nurturing the religious expressions and celebrations of the Hispanic/Latino people as gifts for the Church, both in English and in Spanish; and by ushering them ever more deeply into the sacraments and the mysteries of the faith, calling and sending them forth as missionary disciples to boldly share this gift with all they meet.

For the faithful to take on their role of protagonists in the life and mission of the Church, they need an integral pastoral formation for ministry that forms the person as a whole, covering the four areas of formation — human, spiritual, intellectual, and pastoral — and including the three dimensions of identity, knowledge, and know-how, with a special emphasis on intercultural competency training. We cannot overemphasize the importance of taking to heart the V Encuentro recommendations to make formation

21. See USCCB, *Hispanic Presence*, 30; USCCB Secretariat for Hispanic Affairs, *Prophetic Voices: The Document on the Process of the III Encuentro Nacional Hispano de Pastoral* (Washington, DC: USCCB, 1986), 6.
22. See Second Vatican Council, *Gaudium et Spes*, nos. 42–45, 60, 73.
23. Pope St. Paul VI, *Evangelii Nuntiandi* (*Apostolic Exhortation on Proclaiming the Gospel*), December 8, 1975, no. 20, *www.vatican.va/content/paul-vi/en /apost_exhortations/documents/hf_p-vi_exh_19751208_evangelii-nuntiandi.html*.
24. Pope St. Paul VI, Homily for the Close of the Holy Year, December 25, 1975, *www.vatican.va/content/paul-vi/it/homilies/1975/documents /hf_p-vi_hom_19751225.html*.
25. See Pope Francis, *Evangelii Gaudium* (*Apostolic Exhortation on the Proclamation of the Gospel in Today's World*), November 24, 2013, nos. 197–201, *www.vatican.va/content/francesco/en/apost_exhortations/documents/papa-francesco_esortazione-ap_20131124_evangelii-gaudium.html*.
26. Benedict XVI, *Verbum Domini*, no. 73.
27. Pope Francis, *Gaudete et Exsultate* (*Apostolic Exhortation on the Call to Holiness in Today's World*), March 19, 2018, no. 156, *www.vatican.va/content /francesco/en/apost_exhortations/documents/papa-francesco_esortazione-ap_20180319_gaudete-et-exsultate.html*, quoting Conference of Catholic Bishops of India, *Final Declaration of the Twenty-First Plenary Assembly*, February 18, 2009, 3.2.
28. USCCB Subcommittee on Hispanic Affairs, *Proceedings and Conclusions*, 144.
29. See ibid., 75.

and leadership development accessible and flexible and to ensure they correspond to the lived reality of those being formed.

3) A pastoral model of encounter with Christ, accompaniment, and reaching out

"It happened that while they were conversing and debating, Jesus himself drew near and walked with them." — Luke 24:15

In his encounter with the two disciples on the road to Emmaus, Jesus modeled accompaniment and the pastoral actions of a missionary disciple. This Scripture passage — as well as Pope Francis's description of an evangelizing community in *Evangelii Gaudium*[30] — laid the foundation for the five movements of the V Encuentro process: (1) taking the first step, (2) getting involved, (3) accompanying, (4) bearing fruit, and (5) rejoicing. One priority identified through the V Encuentro consultation process was the need for a strong focus on evangelization and the formation of missionary disciples.[31]

To proclaim Christ more authentically and deepen our missionary discipleship,[32] we call on all the faithful, especially pastoral leaders, to prioritize ongoing conversion and daily personal encounter with Christ. Personal encounters with Jesus Christ need to be at the heart of every ministry and every gathering, thereby "allowing the Holy Spirit to inspire and lead all ministries toward witness and discipleship."[33] Pastoral leaders can foster this intimate encounter with Christ in many ways: "through prayer, the sacraments, [Eucharistic] adoration, Scripture, and the works of mercy."[34] For Hispanic/Latino ministry, evangelization also requires a deep appreciation for the gift of the living popular piety in our communities,[35] a spirituality understood as *mística*, referring to "the motivations, profound values, traditions, prayer, music, art, and methodologies that give life to a process of the people, create experiences of faith, and generate a spirituality that incentivizes faith and ministry."[36]

Among Hispanics/Latinos, "small ecclesial communities have been and continue to be a valuable expression of the evangelization efforts of the Church."[37] In them, the faithful accompany one another, share the Word of God, and bring it to life in service.[38] Ecclesial movements and apostolates also play a key role in the work of evangelization in the Hispanic/Latino community by attracting more people to resume their spiritual journey, to have a personal encounter with Jesus Christ, and above all to commit themselves to sharing their witness of faith with others. We encourage movements to be ever faithful to the unique missions for which they were founded, following where the Holy Spirit leads them while strengthening their ecclesial ties and mutual accompaniment.[39]

As the People of God journeying together, we are called to accompany one another. To do so, all of the

---

30. See no. 24.

31. See USCCB Subcommittee on Hispanic Affairs, *Proceedings and Conclusions*, 74.

32. See USCCB Committee on Evangelization and Catechesis, *Living as Missionary Disciples: A Resource for Evangelization* (Washington, DC: USCCB, 2017), 1.

33. Ibid., 3; see also 9-14. See also Pope Francis, *Evangelii Gaudium*, no. 3.

34. Ibid., 10.

35. See Congregation for Divine Worship and the Discipline of the Sacraments, *Directory on Popular Piety and the Liturgy: Principles and Guidelines*, December 2001, *www.vatican.va/roman_curia/congregations/ccdds/documents/rc_con_ccdds_doc_20020513_vers-direttorio_en.html*; Pope Francis, *Christus Vivit (Post-Synodal Apostolic Exhortation to Young People and to the Entire People of God)*, March 25, 2019, no. 238, *www.vatican.va/content/francesco/en /apost_exhortations/documents/papa-francesco_esortazione-ap_20190325_christus-vivit.html*.

36. USCCB Subcommittee on Hispanic Affairs, *Proceedings and Conclusions*, 226. See also Pope St. Paul VI, *Evangelii Nuntiandi*, no. 48; USCCB Subcommittee on Hispanic Affairs, *Proceedings and Conclusions*, 71; USCCB, *National Pastoral Plan* (1987), 28; USCCB, *Hispanic Presence*, no. 5; Conferences of Latin American Bishops (CELAM), *Aparecida Concluding Document* (Bogotá, Colombia: CELAM, 2007), no. 264, *www.celam.org/aparecida/ Ingles.pdf*, quoting CELAM, *Documento de Puebla III Conferencia General del Episcopado Latinoamericano* (January 1979), sec. 3.1, no. 446.

37. USCCB, *Encuentro and Mission: A Renewed Pastoral Framework for Hispanic Ministry* (Washington, DC: USCCB, 2002), no. 41.

38. See Pope St. John Paul II, *Christifideles Laici*, no. 26; USCCB Committee on Hispanic Affairs, *Communion in Mission: A Guide for Bishops and Pastoral Leaders on Small Church Communities*, March 1995, in *Pastoral Letters of the United States Catholic Bishops*, vol. 5 (Washington, DC: USCCB, 1998).

39. See Pope St. John Paul II, *Christifideles Laici*, no. 30.

faithful, particularly pastors and other pastoral leaders, are called to master the "art of accompaniment."[40] Following the model of Jesus, accompaniment begins by meeting people where they are and listening to them and then moves into encouraging, guiding, supporting, uniting, and advocating for their needs.[41] The many bishops, priests, religious, deacons, and committed lay pastoral leaders who have shepherded the development of Hispanic/Latino ministry since its beginnings have embodied this accompaniment. They have also been blessed in turn by the accompaniment of Hispanic/Latino communities whom they have shepherded, as Hispanics/Latinos have offered pastoral leaders new ways to live out their baptismal calling and priesthood. The profound faith of Hispanics/Latinos and their trust in God's providence have been transformative for many.

Accompanying and encountering the "other" also extends the hand of friendship to the many other religious traditions, including Judaism and Islam, that exist in our country. Even if relations with some of those groups have been hostile in the past, the time has come to break down the walls by reaching out to them and also to our fellow Christians, inviting them to participate in these activities whenever feasible. Indeed, as Pope St. John Paul II puts it, "Ecumenism, the movement promoting Christian unity, *is not just some sort of 'appendix'* which is added to the Church's traditional activity. Rather, ecumenism is an organic part of her life and work, and consequently must pervade all that she is and does."[42]

Flowing from our personal encounter with the living Christ and his Church, all the baptized are called to go forth and to reach out to the peripheries. This reaching out involves following Jesus' example by encountering the other and, through this experience, encountering the living God. In this way we move from "us-them" to "we" language. Pope Francis calls us to move away from a culture of indifference and division and toward a culture of encounter.[43] This encounter is an opportune time for us to intensify the spirituality of mission embodied by the V Encuentro process, a vision that goes beyond the business-as-usual mentality. May we be transformed by a "missionary impulse" so that everything we do is done for the sake of "the evangelization of today's world rather than for her [the Church's] self-preservation."[44]

4) A pastoral vision and practice that seeks ecclesial integration and inclusion in the context of a multicultural Church

> *"To the Jews I became like a Jew to win over Jews. … To those outside the law I became like one outside the law … to win over those outside the law. To the weak I became weak, to win over the weak. I have become all things to all, to save at least some. All this I do for the sake of the gospel, so that I too may have a share in it." — 1 Corinthians 9:20, 21-23*

At the heart of the success story of Hispanic/Latino ministry is the Church's ability to engage the faithful in their lived realities, following the missionary example of St. Paul. This ability stems from the principle of ecclesial integration and inclusion, through which we bring individual communities into an established faith

---

40. Dicastery for the Clergy, *Instruction: The Pastoral Conversion of the Parish Community in the Service of the Evangelizing Mission of the Church*, July 20, 2020, no. 26, *press.vatican.va/content/salastampa/en/bollettino/pubblico/2020/07/20/200720a.html*. See USCCB, *Program of Priestly Formation*, 6th ed. (Washington, DC: USCCB, 2022), nos. 44, 367, 374, 382; Pope Francis, *Evangelii Gaudium*, nos. 44, 99, 169–173; USCCB Committee on Evangelization and Catechesis, *Living as Missionary Disciples*, 14–17.

41. See Archbishop Christophe Pierre, "The Joy of Being Missionary Disciples," unpublished address given at the V National Encuentro of Hispanic/Latino Ministry, Grapevine, Texas, September 20, 2018. See also Pope Francis, *Evangelii Gaudium*, no. 31; Pope Francis, Address at Meeting with Clergy, Consecrated People, and Members of Diocesan Pastoral Councils, Cathedral of San Rufino, Assisi, October 4, 2013, *www.vatican.va/content/francesco/en/speeches/2013/october/documents/papa-francesco_20131004_clero-assisi.html*.

42. Pope St. John Paul II, *Ut Unum Sint* (*Encyclical Letter on Commitment to Ecumenism*), May 25, 1995, no. 20, emphasis in original.

43. See Pope Francis, "Morning Meditation for a Culture of Encounter," September 13, 2016, *www.vatican.va/content/francesco/en/cotidie/2016/documents/papa-francesco-cotidie_20160913_for-a-culture-of-encounter.html*; Pope Francis, *Evangelii Gaudium*, no. 220; Pope Francis, *Fratelli Tutti* (*Encyclical Letter on Fraternity and Social Friendship*), October 3, 2020, nos. 215-217, *www.vatican.va/content/francesco/en/encyclicals/documents/papa-francesco_20201003_enciclica-fratelli-tutti.html*.

44. Pope Francis, *Evangelii Gaudium*, no. 27.

community through a process of welcome, belonging, and co-responsibility.[45] This profoundly human and grace-filled process requires intentional and loving accompaniment by pastoral leaders.

Ecclesial integration and inclusion begin with reaching out and offering an authentic welcome to communities such as new immigrants and people in the peripheries. They also entail pastoral care of US-born and US-raised Hispanics/Latinos as they face generational challenges and opportunities. By providing pastoral care in these communities' language, cultural contexts, and social situations, we equip them to interact and engage with the broader ecclesial community from a position of strength. The Catholic Church's efforts to form Catholic immigrants in the faith while encouraging them to fully engage US culture and society, in all its diversity, are a wonderful gift. Mutual enrichment and collaboration among communities — as well as leadership development, intercultural competency focus, and inclusion in advisory bodies — all lead to a sense of belonging. Increased leadership and involvement in the broader ecclesial community generate a sense of co-responsibility, higher levels of stewardship, and a going forth as *gente-puente* (bridge builders) to reach those still on the peripheries.

This process has served Catholic immigrants from all over the world, both documented and undocumented. It has given them an opportunity to adapt to the new realities of the Church in the United States and to integrate into US society while maintaining their rich cultural heritage and their Catholic identity. In the context of Hispanic/Latino ministry, ecclesial integration and inclusion also entail integration and inclusion within the Hispanic/Latino community itself. This effort requires recognition of and respect for the special identities of people who have come from (or whose roots are from) the countries of Latin America and the Caribbean and for their respective racial, ethnic, and cultural differences, including African, European, Asian, and Indigenous ancestries. This process also calls for creative pastoral accompaniment among US-born Hispanics/Latinos and subsequent generations, as they forge their unique cultural identity within the Church in the United States. The growing number of marriages between people of different cultures and religious traditions is an important part of this reality. We also recognize the presence of Hispanic/Latino Catholics who are members of Eastern-rite churches.

This principle of ecclesial integration and inclusion is lived out within a culturally diverse Church, particularly in thousands of shared parishes across our country — that is, where communities from different racial, ethnic, and cultural backgrounds share the same parish. At its very heart, this process of integration and inclusion seeks to promote communion. This process has led to healthy interaction among different racial, ethnic, and cultural groups in a spirit of communion.[46]

However, even within the Church, racism, xenophobia, discrimination, and exclusion continue to be experienced by so many of our Hispanic/Latino brothers and sisters and other racial, ethnic, and cultural groups, whether they are immigrant or US-born.[47] Addressing this destructive cycle of evil makes it imperative that we train all leadership in the Church — including our Hispanic/Latino ministry leaders — to navigate the complexity and diversity of all races, ethnicities, and cultures as well as to advocate on behalf of equity and racial justice.[48] As the *Catechism of the Catholic Church* affirms: "Their equal dignity as persons demands that we strive for fairer and more humane conditions. Excessive economic and social disparity between individuals and peoples of the one human race is a source of scandal and militates against social justice, equity, human dignity, as well as social and international peace."[49]

Christ came and was crucified "so that they may all be one" (Jn 17:21). This desire for unity needs to be

---

45. See USCCB Committee on Cultural Diversity in the Church, *Best Practices for Shared Parishes: So That They May All Be One* (Washington, DC: USCCB, 2013), 11, 22–30.
46. See USCCB Subcommittee on Hispanic Affairs, *Proceedings and Conclusions*, 79.
47. See ibid., 41–42, 111, 118, 142.
48. See USCCB, *Open Wide Our Hearts: The Enduring Call to Love* (Washington, DC: USCCB, 2018).
49. USCCB, *Catechism of the Catholic Church*, 2nd ed. (Washington, DC: Libreria Editrice Vaticana–USCCB, 2000), no. 1938, quoting Second Vatican Council, *Gaudium et Spes*, no. 29.

the starting point for deep and meaningful encounters among diverse peoples. "Through communion with Christ, Head of the Mystical Body," and by living in communion with all believers, we are profoundly changed by the gift of God's grace, and so we build in Christ the beloved community.[50] We recognize this process of being transformed by the grace of God and of growing in Christ's love as the fruit of ecclesial integration and inclusion. Such fruit of communion is best expressed and nurtured in the celebration of the Eucharist.

We invite all Catholics to be bridge builders in this endeavor. To that end, we bishops recommend the study and implementation of six central lessons that emerged from our intergenerational Journeying Together process of intracultural and intercultural dialogue with six cultural families: (1) embracing historical memory, (2) active inclusion, (3) diversity and giftedness, (4) practicing accompaniment, (5) formation opportunities, and (6) enduring hope.[51] These ideas initially came from the insights of young adults, yet all six apply to all generations and cultures.

To foster ecclesial integration and inclusion, pastoral leaders must be willing to become all things to all people, like St. Paul, and to adopt new attitudes and increase our knowledge and skills in order to build unity in our diversity.[52] Thus we strongly encourage church leaders to undergo training in intercultural competency and to incorporate these competencies into formation programs and continued education for clergy, religious, and lay pastoral leaders. Increasing intercultural competency will increase the Church's internal capacity to effectively foster the process of ecclesial integration and inclusion of those who have not yet felt the embrace of the Church.

5) A synodal and missionary Church that is leaven for the Reign of God in the world

> *"That they may all be one, as you, Father, are in me and I in you, that they also may be in us, that the world may believe that you sent me."* — *John 17:21*

Under the pastoral guidance and vision of Pope Francis, the universal Church has gone forth on a synodal journey that brings to life the teachings of the Second Vatican Council for ecclesial renewal at every level and in every place throughout the world. For Hispanic/Latino Catholics in the United States, this journey is a tremendous affirmation of the pastoral discernment and priorities that have been at the heart of Hispanic/Latino ministry, most expressly through the processes of the five Encuentros and in the 1987 *National Pastoral Plan*, with its emphasis on a model of Church that is "communitarian, evangelizing, and missionary."[53] Although the words "missionary disciples" and "synodality" are relatively new in our pastoral lexicon, their meaning has been lived in the encuentro processes, forging a common pastoral vision for ministry among millions of Hispanic/Latino Catholics who call the United States home.

The guiding image that defines the concept of synodality envisions the Church walking or journeying together.[54] In a synodal Church, missionary disciples — called, gifted, and ordered in their diverse charisms and united by the Spirit — accompany one another on the journey. This journeying involves coming together as a people and then going out as missionary disciples, sent forth on mission guided by the Holy Spirit — *la Iglesia en marcha*, or *en salida*.[55]

50. See Pope St. John Paul II, *Ecclesia in America*, no. 33.

51. The six cultural families participating in the Journeying Together process are African Americans, Asian Pacific Islanders, European Americans, Hispanic/Latino Americans, Native Americans, and Migrants, Refugees, and Travelers. See USCCB Committee on Cultural Diversity in the Church, *Journeying Together: Intracultural and Intercultural Proceedings Report*, April 2022, part 3, *www.usccb.org/resources /Journeying%20Together%20Proceedings%20Report%20May%209%202022_0.pdf*.

52. See USCCB Committee on Cultural Diversity in the Church, *Building Intercultural Competence for Ministers: Modules for Training Workshop* (Washington, DC: USCCB, 2014). See also the website for the USCCB Ad Hoc Committee Against Racism at *www.usccb.org/racism*.

53. USCCB, *National Pastoral Plan* (1987), 8.

54. See Synod of Bishops, *Vademecum*, no. 1.2.

55. *Pueblo de Dios en Marcha* was the theme of the II National Encuentro of Hispanic Ministry in 1977. See also Pope Francis, *Evangelii Gaudium*, nos. 20–24.

The Encuentros of Hispanic/Latino ministry have embodied the synodal journey guided by the Holy Spirit. Each has been a deeply ecclesial process of listening, consultation, dialogue, conversion, and pastoral discernment, with a spirituality of mission permeating every level. The encuentro model for ministry and mission has strengthened Hispanic/Latino Catholics's sense of belonging and co-responsibility in the life and mission of the Church. The model is itself also formational, forging a new, capable, and committed leadership from among the people consulted themselves. In addition, the encuentro model constitutes an effective methodology of strategic planning — following the pastoral circle method of See-Judge-Act[56] — that generates creative pastoral responses based on an authentic analysis and assessment of pastoral challenges. A key element of this methodology is to "plan *with* the people, not *for* the people," because how we do things is just as important as what we do.[57]

Another fundamental aspect of synodality has been expressed in Hispanic/Latino ministry as *pastoral de conjunto*,[58] which in English could be articulated as co-responsible collaboration and coordination as we work together toward a common goal. It is in this context that we believe that responding to the Hispanic/Latino presence is the responsibility of the entire Church — and at the same time, the Hispanic/Latino community has the responsibility of assuming its role in the life and mission of the entire Church. We are all called to be protagonists in the life and mission of the Church by virtue of our baptism. Our journeying together as bishops, priests, deacons, religious men and women, and laymen and women — and the mutual engagement among racial, cultural, and ethnic groups — all strengthen the bonds of our ecclesial communion and transform us along the way.

We echo the call from the V Encuentro to move away from competition, among other challenges, and toward increased collaboration among diocesan offices, ministries, movements, organizations, and all pastoral leaders (whether clergy, religious, or lay; paid or volunteer; Hispanic/Latino or non-Hispanic/Latino).[59] In our decision making, planning, and pastoral practice, let us be united in our common goal: building up the Reign of God.[60]

In all of this journeying and collaboration, parishes remain at the center of our pastoral action, which aims to bring about the communion and participation of the Hispanic/Latino people in the Church. Understanding a parish as a community of communities fosters this communion and participation, particularly in shared parishes. The leadership of the pastor and of the community is of the utmost importance in generating communion among the diverse members of the parish community.[61] This communion is not without its challenges. Pope Francis reminds the Church that although parishes possess great flexibility, many have not yet become "environments of living communion and participation ... [nor have they become] completely mission-oriented."[62] In that light, we view this call as an integral part of our continuing efforts to bring about the pastoral conversion of our parish communities.[63]

At the same time, we recognize that the Church's communion, participation, and mission are also lived beyond the parish structures. They exist through Catholic schools, colleges, universities, and hospitals; ecclesial movements and apostolates; chaplaincies, outreach to, and pastoral care among those in the periphery; and the advocacy for and direct services provided to those who are poor and vulnerable by organizations like Catholic Charities, the Society of St. Vincent de Paul, state Catholic conferences, parishes involved in organizing work funded by the Catholic

---

56. The See-Judge-Act method was developed by Cardinal Joseph Cardijn, founder of the Young Christian Workers movement. It is also known as the Cardijn method.

57. USCCB Committee on Cultural Diversity in the Church, *Building Intercultural Competence*, 32, emphases added.

58. The term *pastoral de conjunto* emerged from CELAM. The 1987 *National Pastoral Plan* translated *pastoral de conjunto* as "communion in mission" and defined the term as "the harmonious coordination of all the elements of the pastoral ministry with the actions of the pastoral ministers and structures in view of a common goal: the kingdom of God. It is not only a methodology, but the expression of the essence and mission of the Church, which is to be and to make communion" (28).

59. See USCCB Subcommittee on Hispanic Affairs, *Proceedings and Conclusions*, 60, 80–81, 122–125, 147–149.

60. See ibid., 60.

61. See Pope Francis, *Evangelii Gaudium*, no. 28.

62. Ibid.

63. See Dicastery for the Clergy, *Instruction: Pastoral Conversion*, no. 29.

Campaign for Human Development (CCHD), and the Church's many other charitable and advocacy efforts. We affirm each of these as leaven for the Reign of God in the world. We call them into co-respon-sible collaboration and coordination with each other and with the local church and invite them to engage more fully with the Hispanic/Latino community, as outlined in this pastoral plan.

PART III
Considerations for Dioceses, Parishes, and Regions

We offer the following considerations for the structuring and ongoing development of Hispanic/Latino ministry in dioceses and parishes. These considerations are based on our previous USCCB statements and on best practices identified through the V Encuentro process. We also articulate a regional structure for Hispanic/Latino ministry that will accompany the implementation of this plan over the next ten years.

1) Hispanic/Latino Ministry at the Diocesan Level

Pastoral ministry at the diocesan level plays an important role for the greater success of parish ministry with the Hispanic/Latino community. Diocesan offices provide pastoral planning, coordination, resources, and formation that parishes could not provide alone. In addition, the diocese needs to advocate for the Hispanic/Latino community and continually assess their needs and aspirations in order to seek the resources necessary to better serve them.

Various models and structures can fulfill these functions at the diocesan level. The most common is a dedicated diocesan office for Hispanic/Latino ministry. An alternate model places the coordination of Hispanic/Latino ministry under another department, with offices for cultural diversity and evangelization being the most common. However, as we noted in 2002 in *Encuentro and Mission*, we must be careful.[64] A diocesan multicultural or cultural diversity office cannot be a generic model that dilutes ministry by expecting that one person can single-handedly coordinate a comprehensive ministry for multiple cultural communities. A third scenario places personnel dedicated to serving Hispanics/Latinos among various diocesan offices.

Whatever model a diocese follows, it must periodically evaluate the effectiveness of the structure according to population growth and the development of Hispanic/Latino ministry across the diocese.

Three indicators impact the effectiveness of diocesan leadership in Hispanic/Latino ministry:

---

64. See USCCB, *Encuentro and Mission*, no. 69.

1. Direct access to the ordinary
2. A dedicated budget to conduct projects, initiatives, or programs in which Hispanic/Latino ministry is the lead agent
3. A *pastoral de conjunto* approach (co-responsible collaboration and coordination) among staff from various diocesan offices[65]

When diocesan staff who are dedicated to serve Hispanics/Latinos are placed within various offices and Catholic agencies, effective coordination becomes increasingly important to avoid a siloing effect. Here we expand upon the roles and responsibilities of diocesan offices regarding ministry among Hispanics/Latinos. The functions will evolve as the Hispanic/Latino population grows, demographics shift, and the ministry matures; however, these functions never cease to be necessary. The five responsibilities that we see as necessary for diocesan offices with regard to Hispanic/Latino ministry are as follows:

1. Continually assess the pastoral reality
2. Advocate on behalf of and with the community
3. Coordinate ministry efforts
4. Develop specific resources and programming
5. Form and train pastoral leaders

A successful way to attend to these five functions is to conduct periodic pastoral planning processes to consider the local reality and resources available following the pastoral guidelines of Hispanic/Latino ministry described in part II of this plan — especially the pastoral guideline of planning *with* the people, not *for* the people. Then, in a process of *pastoral de conjunto*, discern the steps the diocese needs to take to continually improve and expand Hispanic/Latino ministry. In this way, the local church will have a better chance of generating effective and creative pastoral responses for the challenges that our Hispanic/Latino sisters and brothers face, as well as empowering their many gifts in service of the entire Church.

Components and Considerations to Develop a Diocesan Pastoral Plan

A. Assess the pastoral reality of the Hispanic/Latino community at regular intervals.

An initial step to gain important insight into pastoral planning at the diocesan level is to identify the stage of development of Hispanic/Latino ministry, further described in Appendix A: initial growth, organic expansion, structural development, and diocesan-wide shared responsibility.[66] These four stages are based on the development of Hispanic/Latino ministry at the parish level across the diocese, combined with the diocese's internal capacity to support Hispanic/Latino ministry.

Analyzing the reality of the Hispanic/Latino community at regular intervals is crucial, given the constant flux of the community in most places in the country. This process includes studying the population, demographics, and socioeconomic situation of Hispanics/Latinos across the diocese, as well as conducting consultations similar to those carried out by the V Encuentro and the Synod 2021–2024: For a Synodal Church. This process creates space for members of the Hispanic/Latino community, including those on the peripheries, to voice their concerns, hopes, and dreams and for parish and diocesan pastoral leaders to listen attentively to better understand the issues at hand.

B. Advocate on behalf of and with the Hispanic/Latino community for the necessary resources.

A next step in pastoral planning is to evaluate how resources are currently allocated based on analysis of the reality. This reality includes the number and location of parishes with Hispanic/Latino ministry and prioritizes access to the Sunday liturgy in Spanish, in terms of distance, scheduling, and capacity. Equally important is the allocation of diocesan resources, including budgets, clergy assignments, structure, staffing, and program-

65. See USCCB Committee on Hispanic Affairs, *Study on Best Practices for Diocesan Ministry Among Hispanics/Latinos* (Washington, DC: USCCB, 2006).
66. These stages were initially identified and described briefly in the USCCB Committee on Hispanic Affair's 2006 *Study on Best Practices* with slightly different titles.

ming. We strongly recommend that communications platforms — such as websites, written statements, and resources — be offered in both English and Spanish, ensuring that materials are not merely translated but are also culturally appropriate and that graphics represent the diversity of the local community.

The Hispanic/Latino community is often underrepresented in advisory bodies within diocesan and parish structures. Many times, pastoral leaders are unaware of or unwilling to recognize the needs of Hispanics/Latinos within their geographical boundaries.

So advocacy is essential for making sure that our Hispanic/Latino sisters and brothers have equal access to parish and diocesan resources, while also promoting the internal capacities of the diocese and the parishes to provide a comprehensive ministry. Our communities need formation on social mission and Catholic social teaching principles to create change, so that Hispanics/Latinos become protagonists of their own development. As Hispanic/Latino ministry develops, we strongly recommend that the diocese make an intentional effort to prepare Hispanic/Latino leaders, including young adults and women; to hire them as staff; and to include their voices in councils and other advisory bodies.

The advocacy role also entails working with the vocation director, local seminaries, and ongoing formation programs to ensure that priests, deacons, and seminarians have the necessary language skills and understanding of Hispanic/Latino spirituality and culture. Advocacy may also include helping to recruit, orient, and accompany international priests and religious men and women to assist parishes. We strongly recommend that this accompaniment include opportunities for building intercultural competency and access to support systems to help clergy and staff to avoid burnout.

C. Coordinate and collaborate in Hispanic/Latino ministry efforts at the diocesan level.

The third step in the planning process identifies pastoral priorities and strategies to address unmet needs, to support the development of Hispanic/Latino ministry at the parish and diocesan levels, and to provide the resources needed to implement them. We encourage diocesan leaders to consider the priorities, objectives,

and pastoral approaches listed in part IV of this plan. The most effective way to implement them involves a spirit of *pastoral de conjunto* across diocesan offices, while engaging with parishes, ministries, movements, schools, universities, hospitals, and other Catholic institutions and organizations operating within the diocesan boundaries. The specific roles and expectations of each person, office, and institution need to be clearly defined, and formal channels of communication need to be developed for this collaboration to be most successful. Of particular importance is the ministry of the diocesan bishop who, as a successor of the apostles, has primary responsibility to teach, sanctify, and govern the people entrusted to his care.

A common misconception holds that if the diocese has an office of Hispanic/Latino ministry, then its director is responsible for pastoral care across all ministerial areas for the Hispanic/Latino population. A Hispanic/Latino ministry office may undertake some programs and initiatives on its own, especially during the early stages of development. However, as ministry with Hispanics/Latinos becomes more comprehensive and the population grows, other diocesan offices need to increase their internal capacities to minister among Hispanics/Latinos. The coordinating role of a director of Hispanic/Latino ministry becomes more crucial at this stage of development to achieve greater impact.

D. Develop specific resources and programming for the Hispanic/Latino community.

Although parishes are the main pastoral setting in which the faithful participate in the life and mission of the Church, parish ministry is strengthened and most successful when it is strongly supported at the diocesan level. A successful diocesan office is perceived to be a valuable resource by pastors and parish staff. It can direct parish leaders toward trusted resources and provide expertise in areas related to ministry with Hispanics/Latinos, including the development of resources, initiatives, and projects that respond to the reality of the Hispanic/Latino community.

As Appendix A describes, in the early stages, many parishes with Hispanic/Latino ministry and other diocesan offices may not have sufficient staff with the linguistic and intercultural skills to engage with Hispanics/Latinos. Therefore, those directly responsible for Hispanic/Latino ministry in the diocese become an important resource to help pastors engage their Spanish-speaking parishioners in various areas of ministry and formation. This support will evolve as the ministry develops and parishes increase their internal capacities. As other diocesan offices increase their own internal capacities, they may take on the role of leading programming specifically for the Hispanic/Latino community.

E. Form and train pastoral leaders for effective ministry and mission.

Recognizing, discerning, calling forth, and forming the gifts and talents of the Hispanic/Latino community for service in the Church are all crucial tasks of the diocesan offices. Pastoral formation has continued to be one of the top pastoral priorities for ministry among Hispanics/Latinos. Parishes rarely have the personnel, expertise, finances, and space to provide comprehensive formation at the local level without significant support from the diocese. To meet this need, many dioceses provide formation programs in Spanish for catechists, other lay leaders, and lay ecclesial ministers, as well as diaconate formation and certificate programs. We applaud this best practice and the increased collaboration among parishes, dioceses, universities, and pastoral institutes to provide these programs of formation and continuing education. We call on more dioceses to make pastoral formation for ministry a priority.

The following components have been identified as key for successful formation programs:

- Faithfulness to the message of Jesus Christ, deeply rooted in Sacred Scripture and our baptismal call, including the principles of mission and evangelization
- A solid foundation in the Catechism of the Catholic Church
- Understanding and appreciation of the sacraments
- Flexible, accessible, high-quality, integral

formation that addresses the person as a whole — emotions, imagination, will, heart, and mind — and covers the four areas of formation for ecclesial ministry: human (or personal), spiritual, intellectual, and pastoral[67]
- Formation addressing the dimensions of being (identity), knowledge, and know-how[68]
- Content that correspond to the lived reality of participants, including their preferred language and cultural context, with respect for and appreciation of the cultural and religious expressions of the community
- Valuing of and support for popular Catholic devotional practices
- A synodal approach to fulfilling the Church's evangelizing mission, grounded in experiences of encountering, listening, and discerning what steps to take at the local level
- A sense of unity, community, mentorship, and mutual accompaniment
- Formation encompassing the diverse ministerial areas within the life of the Church
- Formation on a stewardship way of life and on discernment of unique gifts and charisms for service in the Church and society
- A sense of deep respect for the dignity of each person, and an active commitment to Catholic social teaching that inspires and prepares participants for social action for the common good
- A focus on the intercultural skills needed for working in the broader ecclesial community, *pastoral de conjunto* (co-responsible collaboration and coordination), and the process of ecclesial integration and inclusion
- A variety of instructional techniques, including experiential learning and the effective use of technology
- A particular investment in young people

67. See USCCB, *Co-Workers in the Vineyard of the Lord: A Resource for Guiding the Development of Lay Ecclesial Ministry* (Washington, DC: USCCB, 2005), 34.
68. See Pontifical Council for the Promotion of the New Evangelization (PCPNE), *Directory for Catechesis* (Washington, DC: USCCB, 2020), nos. 136–150.

and women
- Strong ties between those in formation and their pastors and parishes, built through a process for discerning, calling forth, sending, accompanying, and supporting them

As a related and complementary component, successful programs provide formation for all pastoral leaders in all levels of the local church regarding how to collaborate effectively with and minister to our Hispanic/Latino brothers and sisters.

We feel an immense gratitude for the thousands of Hispanic/Latino pastoral leaders and for the leaders from other racial, ethnic, and cultural groups who have responded to the call to serve our Hispanic/Latino brothers and sisters. Their openness to ministry and their investment in acquiring language skills and intercultural competency has prepared them for a fruitful ministry. Countless Hispanic/Latino families have benefited from the gift of their ministry.

However, the V Encuentro emphasized the importance of having more seminarians, priests, deacons, religious men and women, and lay ecclesial ministers become more interculturally competent. A deeper understanding of the ecclesial integration and inclusion process will also help them carry out their ministry to the Hispanic/Latino people in a more fruitful and rewarding way.

F. Give attention to vocations to the priesthood and consecrated life, and welcome those coming from other countries.

The Church in the United States has an ever-increasing need to effectively engage and inspire Hispanics/Latinos — both immigrant and US-born — to become priests, deacons, and religious women and men. Increasing the Church's capacity to create a culture of vocations with Hispanic/Latino families is paramount in this endeavor. In addition, we need to create a culture of welcome and belonging in our seminaries and hous-

es of religious formation if we are to accompany Hispanics/Latinos who are discerning and preparing for a priestly or religious vocation, so that they can thrive and reach ordination or make their final vows.

Currently, numerous dioceses rely on priests and men and women religious from other countries to come and minister in the Church in the United States. To ensure their success, we strongly recommend that dioceses give attention to their intercultural formation and process of integration into their new culture and ecclesial reality.[69] Parish priests who welcome ministers from other countries play an important role in helping them integrate.

2) Hispanic/Latino Ministry in Parishes and Other Local Pastoral Settings

The parish typically forms the primary point of entry into the life and mission of the Catholic Church for individuals, families, and their racial, ethnic, and cultural communities. The parish is a community of communities through which the People of God build the community of disciples, gather to hear the Word of God, are nourished by the Eucharist, and are sent forth to be God's presence in the world. Through parish ministries, pastoral care, and outreach — as well as through small ecclesial communities, ecclesial movements, and many other Catholic institutions, organizations, and apostolates at the local level — the Church "walks forward in *communion* to pursue a common *mission* through the *participation* of each and every one of her members."[70]

We invite leaders in all pastoral settings, particularly pastors and those who serve with them in parishes, to consider the pastoral guidelines, priorities, and strategies presented in this plan. Such consideration will help parishes move from a maintenance model to a missionary model.

In the United States, the parish has been of singular importance in providing Catholics with a place where they can live their Catholic faith. Particularly for immigrant communities, the parish is not only a place

---

69. See USCCB Committees on Clergy, Consecrated Life and Vocations; Cultural Diversity in the Church; Protection of Children and Young People; and Canonical Affairs and Church Governance, *Guidelines for Receiving Pastoral Ministers in the United States*, 3rd ed. (Washington, DC: USCCB, 2014), especially part 2 on reception and orientation. See also the accompanying video series at USCCB Secretariat of Clergy, Consecrated Life and Vocations, "Workshop Videos," accessed January 18, 2023, *www.usccb.org/committees/clergy-consecrated-life-vocations/usccb-guidelines-receiving-pastoral-ministers-us*.
70. Synod of Bishops, *Vademecum*, no. 1.3, emphases added.

for worship but also a much-needed center for their cultural and social life. The parish is where they tend to feel a sense of safety and trust that is often lacking in their places of work, schools, and neighborhoods. In fact, experiencing this safety and trust in their faith community helps them to better relate to other institutions in the United States. Although we have used parish models like the national parish and other personal parishes to address particular challenges and opportunities at different times in our history, the most common and most effective parish model at this time is the territorial parish that is shared by more than one cultural or ethnic group.[71]

The term "shared parishes" was coined to describe ecclesial communities in which two or more languages or cultural groups form an integral part of the ministerial life and mission of a particular parish, each according to its own linguistic and cultural context.[72] As parish mergers or other forms of parish structure renewals become more common, they will undoubtedly have an impact on Hispanic/Latino ministry. We are aware that establishing and shepherding a shared or merged parish may present significant challenges for pastoral leaders, yet we have also found that shared parishes can foster profound conversations about life and faith across cultures. It is in shared parishes that we have "opportunities to worship and pray together, to learn from each other, to be there for one another, to forgive one another and be reconciled, to acknowledge our unique histories, and to discover ways in which we can be one Catholic parish, yet come from diverse cultures and ethnicities."[73]

We strongly recommend that pastors be mindful that their territorial parish is entrusted with the mission to proclaim the Good News and to provide pastoral accompaniment to all the people within its boundaries,[74] regardless of race, culture, ethnicity, language, or immigration status. At the same time, we understand that Catholics in some places affiliate with another community in addition to their territorial parish for reasons of language, spirituality, or community relationships. Yet this does not preclude pastors from

fulfilling their responsibility to provide pastoral care and accompaniment for all throughout their territory. Pastors also play a crucial role in fostering unity and *pastoral de conjunto* in shared parishes.

It is prudent to examine the various ways in which dioceses are clustering parishes due to population shifts and limited availability of priests to lead them. Some dioceses refer to this clustering as a "family of parishes," while others use different terminology. Considering the Hispanic/Latino presence in parishes involved in this process, a diocese needs to ensure that they do not lose access to the celebration of the Eucharist and other aspects of parish life. On the contrary, we strongly recommend that such access increase, so that they feel welcome and are fully engaged in parish life.

Given the ongoing growth of the Hispanic/Latino population across the country, the establishment of Hispanic/Latino ministry in more parishes and other pastoral settings is a high priority. As bishops, we believe that every parish with a significant number of Hispanics/Latinos living within its geographical boundaries needs to establish ministries for them in all dimensions of Christian life, beginning with the liturgy, faith formation, and reception of the sacraments. We strongly recommend that other ministries give special attention to young people, families, and those on the periphery.

By their very nature, parishes are called to help all baptized people be missionary disciples and active protagonists in the life and mission of the Church. The following pastoral approaches were identified by the V Encuentro process as key actions to carry out that mission and to achieve a greater degree of pastoral conversion:

- Provide opportunities to encounter the living Christ and to be transformed by his grace in the linguistic and cultural context of the people, particularly through the Eucharist and other sacraments, supported by popular devotions and religious practices, including outreach to encounter those on the peripheries, both in person

---

71. See USCCB Committee on Cultural Diversity in the Church, *Best Practices for Shared Parishes*, 10.
72. See ibid., 1.
73. Ibid., 10.
74. *Code of Canon Law* 518, 528–529, *www.vatican.va/archive/cod-iuris-canonici/cic_index_en.html*.

and in the "digital continent."[75]

- Recognize the common impediments to participation in the Eucharist for member of the Hispanic/Latino community, accompany people with pastoral sensitivity, and offer pathways to return to the table of the Lord and full sacramental life.

- Support the domestic church, small ecclesial communities, and movements that all play a decisive role in evangelization and mission. Collaborate, coordinate, and carry out joint projects among Catholic dioceses, parishes, schools, ecclesial movements and other Catholic institutions, organizations, and apostolates operating in the area.

- Cultivate skills in discerning and recognizing gifts, and provide formation in faithful stewardship, inspiring and equipping the faithful to be good administrators of the gifts God has given them in service of the Church and society.

- Facilitate the participation of all pastoral leaders, paid and volunteer, in comprehensive formation programs to strengthen the ministries in which they serve. Increase their intercultural competence and mentoring of all the faithful to respond to the call to be missionary disciples.

- Promote ecclesial integration and inclusion by identifying what is needed to increase the level of welcoming, belonging, and co-responsibility among all the faithful, as described in *Best Practices for Shared Parishes*.[76]

We recommend that parishes and other local pastoral settings periodically carry out pastoral planning processes that follow the pastoral circle of See-Discern-Act (or See-Judge-Act) described below. We strongly recommend that the diocese offer significant support in this process.

SEE

The first step in pastoral planning at the local level is analyzing the reality of the Hispanic/Latino community. This step includes studying relevant demographic information, consulting with the People of God, and assessing the current level of development of Hispanic/Latino ministry.

As we described earlier in this plan regarding the principle of ecclesial integration and inclusion, the growth of Hispanic/Latino ministry in parishes and other local pastoral settings is often organic. Yet it follows a logical progression from welcoming to belonging, leading ultimately to co-responsibility for its life and mission.[77] When developing plans for expanding and strengthening their ministry, pastoral leaders must consider the demands of accompaniment at the current stage along this journey.

DISCERN

The next step in pastoral planning is to look at the reality through the lenses of the Gospel, our Catholic tradition, USCCB pastoral statements, and other church documents to assess present pastoral practices, to discern better ways to respond to that reality, and to identify or develop the resources needed to do so. All discernment needs to be done in a context of prayer with the explicit invocation of the Holy Spirit. We suggest using the general objective of this pastoral plan and the pastoral guidelines in part II as a good starting point. Using the V Encuentro's *Proceedings and Conclusions* document permits a broader consideration of the priorities as well as the successful practices and resources given for all twenty-eight ministerial areas.[78] Diocesan pastoral plans and guidelines need to be followed and applied to the local Hispanic/Latino community as well. Participants in the discernment process need

---

75. Pope Benedict XVI used the scholarly term "digital continent" to refer to online networking spaces such as social media and online communications.
76. USCCB Committee on Cultural Diversity in the Church, *Best Practices for Shared Parishes*.
77. See ibid., 21–34.
78. See USCCB Subcommittee on Hispanic Affairs, *Proceedings and Conclusions*, 73–152. See also professional pastoral leader development materials covering twenty-eight ministerial areas at V Encuentro, "V Encuentro Ministry Series," accessed January 18, 2023, *ms.vencuentro.org*.

to ask themselves: What is God asking us to decide in light of the Church's mission and the realities on the ground?

ACT

In light of the pastoral reality and the priorities discerned, the third step is to identify objectives and pastoral approaches that can help the faith community grow and carry out its mission in the world. We strongly recommend that these be carried out through *pastoral de conjunto* — co-responsible collaboration and coordination — among Catholic parishes, dioceses, schools, ministries, organizations, ecclesial movements, and all pastoral leaders: whether clergy, religious, or lay; paid or volunteer; Hispanic/Latino or non-Hispanic/Latino. It is helpful to spell out the objectives, the activity, the responsible agents and collaborators, and the criteria for evaluation at scheduled intervals.

3) Regional Dimension and Structure for Hispanic/Latino Ministry

Regional structures have been an important part of the development of Hispanic/Latino ministry for several decades. The development and implementation of the V Encuentro process had the benefit of regional teams, which were created to accompany the V Encuentro process in the fourteen territorial episcopal regions. These teams, known as the V Encuentro Regional Teams for Accompaniment (or ERAVE, by its abbreviation in Spanish), functioned to strengthen the level of coordination and engagement of dioceses within a particular region. They were also responsible for providing training and formation to dioceses in the V Encuentro process and for organizing and implementing the regional Encuentros. Regional Encuentros took place in the fourteen episcopal regions with the participation of 131 bishops and thousands of delegates, representing practically every diocese in the country. Regional teams were also responsible for coordinating in-services and accompaniment strategies during the follow-up to the V Encuentro process.

In addition, regional teams proved to be a great resource during the difficult years of the COVID-19 pandemic and its aftermath by providing accompaniment and support within their regions while engaging in pastoral consultation and discernment with the USCCB staff and our Subcommittee on Hispanic Affairs.

Because of the sustained excellent work of ERAVE, and after extensive consultation with the regional chairs and lead bishops, the Subcommittee for Hispanic Affairs decided to maintain ERAVE through the development and rollout of this *National Pastoral Plan*. These regional teams will be those first responsible for coordinating and implementing in-services in their regions to assist dioceses in developing or updating their plans. The teams will work together with existing regional institutions and organizations for Hispanic/Latino ministry.

Each of the fourteen episcopal regional teams will also maintain a lead bishop who convenes and accompanies the team and secures the support of an anchoring institution to provide certain services to the work of the team. The chairs of regional teams will be convened by the Subcommittee on Hispanic Affairs to discern, coordinate, and implement events and resources designed to assist dioceses in the development and implementation of their own pastoral plans for Hispanic/Latino Ministry.

During 2024, a discernment process will be conducted with regional teams to see how they will continue their work and what their role would be for the duration of the ten-year plan. The regional structure for Hispanic/Latino ministry proved to be a great asset during the V Encuentro process and the development of this plan. We strongly recommend that they continue their work of coordination, collaboration, training, and implementation, work that is much needed at this time.

Note that the membership of each episcopal regional team calls for a representation of the dioceses of the region and the inclusion of as many diverse ministries as possible, particularly diocesan leaders and staff working with youth and young adult ministry, evangelization, catechesis, family ministries, vocational discernment, and social justice and advocacy. Regional teams will also work in *pastoral de conjunto* with Hispanic/Latino ministry regional structures already in place and with Catholic membership organizations involved in implementing this plan.

Part IV describes the ten pastoral priorities for Hispanic/Latino ministry in the United States over the next ten years.

PART IV
Pastoral Priorities

The mission of the Church is to proclaim the Gospel, bring people to Jesus Christ, and build the Reign of God. All the baptized have the responsibility to join in this mission of the Church as missionary disciples. We strongly encourage parishes and other local pastoral settings to prioritize inspiring, preparing, and empowering their members to do this effectively.

In response to what we heard from the People of God during the V Encuentro process, to continue strengthening the Church's response to the Hispanic/Latino presence, and to embrace and foster the contributions of Hispanic/Latino Catholics, we invite the Church to focus on the following ten pastoral priorities:

1. Evangelization and Mission
2. Faith Formation and Catechesis
3. Pastoral Accompaniment of Hispanic/Latino Families
4. Youth and Young Adult Ministries (*Pastoral Juvenil Hispana*)
5. Immigration and Advocacy
6. Formation for Ministry in a Culturally Diverse Church
7. Pastoral Care for those in the Periphery
8. Liturgy and Spirituality
9. Promotion of Vocations
10. Catholic Education

We strongly recommend as well that existing USCCB plans or pastoral frameworks for each of these priorities be considered when crafting specific local, regional, and national responses.

1) Evangelization and Mission

We have reached millions of Hispanic/Latino families over the last fifty years through our commitment to being a more evangelizing and missionary Church. Encountering them with a homecoming message has strengthened their Catholic identity. We need to continue such evangelizing and missionary action to ensure that our Hispanic/Latino sisters and brothers feel at home in the Church and become missionary disciples for all peoples. The more effective our efforts are, the less vulnerable Hispanics/Latinos will be to the proselytizing activities of evangelical Christians and other religious groups. Equally important is reaching out to those who now no longer identify with any particular religious denomination or tradition (often called "nones").

Objective: To develop or enhance pastoral practices that give priority to encountering people on the peripheries with a message of welcome and hope.

Pastoral Approaches

- Evaluating the vision, objectives, and activities of existing pastoral programs and practices to determine their level of commitment to missionary discipleship
- Discerning objectives and activities that strengthen the missionary and evangelizing activity of the Church, with an emphasis on reaching out to those on the peripheries
- Forming missionary disciples through collaboration among clergy, lay leaders, and leaders from ecclesial movements
- Infusing a missionary perspective into the liturgical and cultural celebrations of the parish and into every catechetical setting
- Using social media to enhance communication for evangelization
- Utilizing the USCCB's resource titled *Creating a Culture of Encounter: A Guide for Joyful Missionary Disciples* to form leaders and parish missionary teams, promote dialogue, and engage in missionary activity to reach the peripheries using processes that are grounded in a synodal approach to ecclesial life and ministry[79]

2) Faith Formation and Catechesis

The peoples of Hispanic/Latino descent who have lived in the United States for generations, as well as those originating from the many nations of Latin America and the Caribbean, have a long history of transmitting the Catholic faith to the next generation and integrating Gospel values and Catholic devotions into their cultural and spiritual life.[80] Yet contemporary life in the United States presents a challenging environment in which today's families and their children can receive and transmit the faith. Parents have a very important role in the formation of their children's faith, but they are not always prepared to undertake and fulfill that responsibility. We have seen a clear decline in Hispanic/Latino religious participation between the immigrant generation and later generations, indicating a need to help parents navigate this cultural and linguistic transition. New faith formation models and materials are needed that respond to the current diverse and generational reality of Hispanic/Latino individuals and families by welcoming and preparing them to share their gifts in the Church and society.

Objective: To support the lifelong process of learning and ongoing conversion.

Pastoral Approaches

- Providing opportunities to learn about the Catholic faith at all ages and stages of life, in ways rooted in the personal encounter with Jesus Christ and the Word of God, according to learners' languages and cultural needs
- Fostering the identity of all the baptized as missionary disciples by forming them through encounters with the living Word of God in Scripture, the *Catechism of the Catholic Church*, the sacraments, and actions that bring to life a Church that goes forth in mission
- Consulting with and visiting individuals and families to find out what obstacles they find most challenging in the local community, including persons with disabilities, the Deaf community, and other people on the periphery; identifying needs for adaptive instruction, to accommodate learning or ability differences, or needs to reach specialized settings such as care homes, community centers, or detention facilities
- Incorporating the value of each vocation — including marriage, the priesthood, consecrated life, the permanent diaconate, and the beautiful Catholic vision for marriage,

---

79. See USCCB Subcommittee on Hispanic Affairs, *Creating a Culture of Encounter: A Guide for Joyful Missionary Disciples* (Washington DC: USCCB, 2019).
80. See USCCB, *Encuentro and Mission*, no. 4.

human sexuality, chastity, and the universal call to holiness — in age-appropriate ways into faith formation at all levels

- Integrating the vision, principles, and values of Catholic social teaching and the personal moral life — as well as experiences of applying them to the most pressing social concerns in Hispanic/Latino communities — into faith formation programs for Catholics of all ages[81]
- Including opportunities to reflect on the moral choices of daily life and apply what is learned to achieve ongoing conversion, reinforced through experiences of God's saving love, mercy, and forgiveness, especially in the Sacrament of Penance and Reconciliation[82]
- Partnering with parents, extended families, godparents, and pastoral leaders
- Collaborating, coordinating, and carrying out joint projects among Catholic dioceses, parishes, schools, ecclesial movements, and other Catholic institutions, organizations, and apostolates operating in the area

Objective: To provide sacramental preparation and mystagogical catechesis in the lived reality of the people.[83]

Pastoral Approaches

- Providing opportunities to learn about the sacraments as real encounters with the risen Lord Jesus
- Providing a comprehensive liturgical catechesis in support of sacramental preparation that also highlights the sacramentality of daily life, builds on the living traditions and devotions of the local community, includes a period of mystagogy, and connects people to lifelong learning
- Facilitating comprehensive formation and

mentorship for those providing catechesis for all stages of life, emphasizing biblical literacy, lifelong formation, instructional techniques, a dynamic experiential approach, experiential learning, effective use of technology, and intercultural skills
- Recruiting and forming more bilingual catechists, with intentional outreach to young adults who are called to teach in English, Spanish, or both

Objective: To assist Hispanic/Latino parents and extended families in transmitting the faith to their children.

Pastoral Approaches

- Implementing the recommendations from the V Encuentro in catechesis for children to bridge the linguistic divide between children and adults, while forming and equipping parents to exercise their role as the primary catechists of their children
- Forming and commissioning bilingual catechists by utilizing bilingual catechetical materials — even when the instruction is given primarily in English — and by developing bilingual, family-based catechetical programs and activities[84] to facilitate immigrant parent participation and equip the child to review the materials in their preferred language, either at home or with their peers
- Directing faith formation efforts to include the whole family, in English and Spanish as required, so that families can more effectively nurture the faith of their children
- Incorporating popular religious practices in the catechetical process, making connections between those practices and the content of the faith

---

81. See Pontifical Council for Promoting the New Evangelization, *Directory for Catechesis*, nos. 74c, 389–391.
82. See ibid., nos. 57–60.
83. See ibid., nos. 35, 61–65, 74, 98, 113b, 291.
84. See USCCB Subcommittee on Hispanic Affairs, *Proceedings and Conclusions*, 75, 98–100.

3) Pastoral Accompaniment of Hispanic/Latino Families

Members of the Hispanic/Latino community bring the richness of their faith traditions, family-centered worldview, and profound sense of God's presence in their daily life. This gift should not be taken for granted, as the erosion of these values and traditions is undermining the cohesiveness and unity of families and their Catholic identity. Many Hispanic/Latino families are also impacted by economic pressures that threaten family stability. Couples and families need the support of the local faith community to thrive and pass on the faith to the next generation.

As we stated in *Called to the Joy of Love*, our 2022 national pastoral framework for marriage and family life ministry, "We must 'seek new forms of missionary creativity' to reach hearts and heal wounds in all families, Catholic and non-Catholic, with a particular sensitivity to the increasingly diverse cultural and ethnic communities in our midst and to those families that are farthest from the Church."[85]

Objective: To strengthen marriage formation in the Hispanic/Latino community.

Pastoral Approaches

- Providing Hispanic/Latino couples with proximate and immediate marriage preparation that takes their reality into consideration, responds to the contemporary social and cultural challenges facing marriage, and offers corresponding options that allow them to live and celebrate their faith fully
- Offering a variety of marriage enrichment opportunities for couples that can provide practical knowledge, tools, and resources for strengthening their relationship as well as renewing their loving commitment and spiritual life as a couple; and training experienced couples in accompanying younger couples and families

- Implementing a variety of marriage restoration opportunities to help couples overcome serious marital difficulties and build a healthy marriage
- Raising awareness about the Church's teaching about marriage and cohabitation, and accompanying couples in irregular situations, particularly those in the process of convalidating their marriage or of obtaining a declaration of nullity
- Collaborating, coordinating, and carrying out joint projects among Catholic dioceses, parishes, schools, ecclesial movements, and other Catholic institutions, organizations, and apostolates operating in the area
- Recruiting Spanish-speaking providers and teachers of natural family planning to work with married couples
- Translating and culturally adapting the Third Option program and similar programs that help build healthy marriages and assist marriages in crisis

---

Objective: To form and equip Hispanic/Latino parents to be leaders in the domestic church amid the challenges of the contemporary world and the complexities of family life.

Pastoral Approaches

- Involving parents and grandparents in the faith formation and catechesis of children as well as providing ongoing opportunities for lifelong catechesis and conversion, emphasizing the use of Scripture and prayer in family life, incorporating Hispanic/Latino religious traditions, and sharing their faith with others
- Seizing baptismal preparation and other key moments as opportunities to strengthen the understanding of the baptismal call

---

85. USCCB, *Called to the Joy of Love: National Pastoral Framework for Marriage and Family Life Ministry* (Washington, DC: USCCB, 2022), 6, quoting Pope Francis, *Amoris Laetitia* (Post-Synodal Apostolic Exhortation on Love in the Family), March 19, 2016, no. 57, *www.vatican.va/content/dam/francesco/pdf /apost_exhortations/documents/papa-francesco_esortazione-ap_20160319_amoris-laetitia_en.pdf*; see also nos. 36, 201, 230, 291. Se also USCCB, *Marriage: Love and Life in the Divine Plan*, November 17, 2009, *www.usccb.org/resources/pastoral-letter-marriage-love-and-life-in-the-divine-plan.pdf*.

and families' responsibility to be communities of life and love[86]

- Creating a culture of vocations in Hispanic/Latino families by providing information on each vocation that is linguistically and culturally relevant, as well as tools to help parents foster vocational discernment in their children
- Ensuring that parish events or gatherings are family-friendly by involving parents, children, and older generations in a planning process; or including activities for children and young people when gathering is not feasible
- Organizing a variety of small communities for families, spaces where they can support one another and be encouraged to go forth to encounter other families, especially on the peripheries
- Identifying and developing materials for children at different ages that support the mission of parents as ministers in their domestic church
- Offering psychological, spiritual, and practical tools to accompany families in their domestic church

---

Objective: To pastorally accompany all families, particularly those facing challenges.

Pastoral Approaches

- Assessing current ministries for couples and families to provide more comprehensive accompaniment, paying particular attention to (1) those facing challenges (e.g., immigrants, refugees/asylum seekers, migrant workers, the military, and all those affected by racism and xenophobia, violence, domestic violence, unexpected or difficult pregnancies, challenging parenting situations, trauma from participation in an abor-

tion, mental and physical illnesses, lack of healthcare, addictions, and poverty) and (2) those in unique situations who may not feel welcome currently (e.g., those affected by infertility, divorce, detention, deportation, disabilities, serious illness, gender discordance, same-sex attraction, single parenting, or abortion). We strongly recommend that the Church also advocate legislatively for public policies that help families thrive, such as paid family leave, just living wages, and protections for the rights of immigrant workers against abuses such as wage theft, risks to health, or other mistreatment in the workplace.

- Providing formation for all pastoral leaders in the "art of accompaniment,"[87] and empowering more lay leaders to provide this accompaniment while giving guidance on when to refer someone for professional assistance.

- Collaborating with community services to better provide practical assistance and healing to families facing financial, mental, or physical health challenges, including trauma, grief, addictions, care for the elderly, conflict, and abuse.

4) Youth and Young Adult Ministries (*Pastoral Juvenil Hispana*)

Hispanic/Latino young people are a great treasure to the Church — as both recipients and protagonists of accompaniment and pastoral care — and they are uniquely situated as bridge builders among cultures, languages, generations, and ecclesial experiences. They provide the essential link between the Church of today and the Church of tomorrow.[88] Our faith communities need to be a privileged place for welcoming, engaging, forming, and accompanying Hispanic/Latino young people through a variety of youth and young adult

---

86. See Pope St. John Paul II, *Familiaris Consortio* (*Apostolic Exhortation on the Role of the Christian Family in the Modern World*), November 22, 1981, no. 17, *www.vatican.va/content/john-paul-ii/en/apost_exhortations/documents/hf_jp-ii_exh_19811122_familiaris-consortio.html*.
87. Pope Francis, *Evangelii Gaudium*, no. 169.
88. See Pope Francis, *Evangelii Gaudium*, no. 133.

groups, ministries, and initiatives (both in English and in Spanish) that empower them to be young missionary disciples in the context of their culturally diverse communities. This priority requires the entire church community to value, support, and devote a significant proportion of its time, human capital, and financial resources to the young people in the Church.

Objective: To reach out to Hispanic/Latino young people, responding to their needs and concerns, accompanying them in their hopes and dreams, and forming them as missionary disciples who are protagonists in the life and mission of the Church.

Pastoral Approaches

- Encountering young people living in the peripheries of Church and society, including engaging in the digital continent, creating authentic and relevant messaging and invitations, and offering them spaces where they can engage, feel heard, and develop a sense that they belong

- Offering comprehensive ministries to foster integral personal and spiritual growth based on the lived reality of families and young people,[89] in their linguistic and cultural context, through a variety of youth and young adult groups and other opportunities to encounter Christ, build community, witness to their faith, and engage in the life and mission of the Church

- Coordinating and carrying out joint projects among Catholic parishes, schools, colleges, universities, campus ministries, small ecclesial communities, and ecclesial movements, all of which play a crucial role in transmitting the faith to forming and accompanying young people

- Incorporating ongoing faith formation and catechesis as described in the pastoral priority above, with special emphasis on mystagogical catechesis, a Christian vision of human sexuality, and living the baptismal vocation in the world

- Fostering family and community-based approaches that affirm the value of community and extended family in the formation and accompaniment of young people

- Advocating for public policies that meet the needs of Hispanic/Latino young people in areas such as access to quality education, mental health services, and affordable vocational and university-level education, as well as a path to citizenship for DREAMers

- Accompanying those experiencing transitions, whether between stages of life (e.g., graduating, becoming engaged, becoming a parent, entering religious formation), after the reception of a sacrament (e.g., confirmation, matrimony, ordination), or between ministry settings (e.g., ministry with teens, campus ministry, young adult ministry)

- Forming, equipping, and accompanying young people in embracing and living the Gospel of life from conception to natural death

- Connecting young people with their peers across the diocese, region, nation, and world, especially through participation in youth days at each level, with due regard for welcoming the cultural and linguistic diversity of the young people

- Accompanying young adults who show leadership potential to World Youth Day to invigorate their faith in Christ and their calling as missionary disciples

- Helping young people and families to improve local public education, encouraging Hispanic/Latino parents to send their children to Catholic schools (and providing the financial help to do so), leveraging the resources of Catholic educational institutions to chart a path to higher education, and engaging young people in tutoring and mentoring younger members of the Hispanic/Latino community[90]

---

89. See Pope Francis, *Christus Vivit*, nos. 74, 213.
90. See USCCB Subcommittee on Hispanic Affairs, *Proceedings and Conclusions*, 78, 106, 137–138.

Objective: To provide ongoing spiritual and pastoral formation to Hispanic/Latino young people and pastoral advisers and ministers who accompany them.

Pastoral Approaches

- Incorporating opportunities into all ministries to help young people develop a meaningful prayer life — building on the community's traditional spiritual practices and popular devotions — to strengthen and guide their discernment and witness of faith
- Including integral pastoral formation in all programming for young people so that as they mature they can take on a more active role as protagonists of ministry
- Identifying young people with leadership skills and more bicultural and bilingual parish leaders — especially those who can intentionally accompany second- and third-generation Hispanics/Latinos; and facilitating and investing in their participation in pastoral formation for ministry programs

***Objective: To draw Hispanic/Latino young people into responsible leadership in the life, mission, and work of the Catholic faith community.*[91]**

Pastoral Approaches

- Providing young people with relevant and transformational opportunities to utilize their gifts in the Catholic community as well as to live out their faith as active members of their civic societies and builders of a society cemented in Gospel values of justice, peace, and fraternal love
- Partnering with vocation directors and marriage ministers to support young people's vocational discernment, provide spiritual direction, support their call to holiness, and encourage the faithful stew-

ardship of their gifts and talents in the Church, at work, and in society[92]
- Empowering the growing development of young people as protagonists in the life and mission of the Church,[93] which includes peer-to-peer evangelization, under the guidance and mentorship of experienced adults
- Building relationships of spiritual accompaniment with parents, grandparents, other extended family members, godparents, pastors, lay pastoral leaders, consecrated religious, and other trusted adults
- Preparing and integrating young adults to participate in advisory bodies and parish leadership organizations (e.g., parish council, Hispanic/Latino ministry council, or liturgical committee)

5) Immigration and Advocacy

Immigration continues to lie at the heart of Hispanic/Latino families. The harsh reality of deportation, family separation, anxiety about the future, and living in the shadows impacts millions of Hispanics/Latinos across this country, disrupting their lives.

The Church has historically been the strongest advocate for immigrants and has actively advocated for just and humane laws and policies. The prophetic voice of the Church is needed more than ever as we live through a time of renewed xenophobia, racism, and discrimination. The work of missionary disciples is urgently needed amid the inhumane and immoral treatment of asylum seekers, families, and unaccompanied minors, particularly at the US southern border. The Church's long-standing support for immigration reform is not merely a humanitarian gesture or a struggle to achieve a justice unfulfilled. Rather, our support signifies our efforts to accompany communities that too often remain at the margins and demonstrates our solidarity with them. Committing our time and resources to address the concrete needs of those living in

---

91. See USCCB, *Renewing the Vision: A Framework for Catholic Youth Ministry* (Washington, DC: USCCB, 1997), 11.
92. See Pope Francis, *Christus Vivit*, nos. 248–277.
93. See ibid., nos. 174, 175–178, 203–207.

these communities will draw them closer to the heart of the Church, thus making our pastoral efforts more effective and compelling.

Objective: To provide pastoral care and accompaniment, especially to families separated by deportation or detention.

Pastoral Approaches

- Facilitating visits and communication by connecting families to community organizations and Catholic service providers, such as Catholic Charities, that offer legal immigration guidance or social services
- Establishing funds to assist migrants in their legal process to obtain a visa with a work permit, asylum, or permanent residence
- Working with conferences in other countries and CELAM[94] to identify means of offering legal assistance to migrants and refugees in transit
- Further engaging the root causes of immigration and concrete ways in which we as a Christian community — including internationally — can serve these countries to better the lives of their residents before they resort to migration
- Establishing platforms — directed and organized by trained lay Hispanic/Latino immigrant leaders and supported by the USCCB — to accompany, educate, and defend the social, civic, and spiritual needs of the documented and undocumented immigrant community
- Creating bonds of solidarity among all the members of the Body of Christ — immigrants and US-born alike

---

Objective: To take a more prominent role in advocacy for a comprehensive and just immigration reform, both individually and in dioceses, parishes, *and organizations.*

Pastoral Approaches

- Preaching on behalf of immigrants and refugees, and forming the consciousness of the faithful on Catholic social teaching principles related to immigration
- Advocating for a comprehensive and just immigration reform at the local, regional, and national levels, based on our 2004 joint pastoral letter issued with the Mexican bishops' conference, titled *Strangers No Longer: Together on the Journey of Hope*[95]
- Highlighting racism and discrimination against immigrants as a life issue
- Working to overcome racism and harsh enforcement policies that separate families and leave many people to die in the wilderness or subject themselves to the dangerous influence of human traffickers
- Building solidarity and compassion for the acceptance and welcome of immigrants and refugees in the United States
- Using social media to highlight the stories of immigrants and refugees seeking asylum, thereby humanizing their plight and demonstrating the need for a comprehensive and just immigration reform

6) Formation for Ministry in a Culturally Diverse Church

Hispanics/Latinos are called to provide leadership in the life and mission of the Church in significant numbers. Investing in their formation as leaders and forming them for service in different ministerial areas are of paramount importance to the Church, with particular attention given to Hispanic/Latino young adults. It is also crucial for all leaders in the Church, including seminarians and pastors, to receive formation in Hispanic/Latino ministry and culture so that they can successfully engage Hispanics/Latinos in the context of their ministries.

---

94. See Appendix B for full list of abbreviations of Catholic organizations, departments, major ecclesial movements, and initiatives.
95. See USCCB and Conferencia del Episcopado Mexicano, *Strangers No Longer: Together on the Journey of Hope* (Washington, DC: USCCB, 2004).

Objective: To form collaborative leaders — Hispanic/Latino and non-Hispanic/Latino; lay, ordained, consecrated women and men, and seminarians — who can pastorally respond in a spirit of synodality to the demands of a culturally diverse Church.

Pastoral Approaches

- Creating flexible, quality, comprehensive formation opportunities that are accessible both on-site and online in terms of culture and language
- Offering trainings on *Building Intercultural Competence for Ministers* and *Best Practices for Shared Parishes* in seminaries, dioceses, and other Catholic institutions[96]
- Strengthening the collaboration among dioceses, parishes, ecclesial movements, pastoral institutes, seminaries, and Catholic universities to maximize access to pastoral formation programs for ministry for Hispanic/Latino pastoral leaders and those who serve Hispanics/Latinos in ministry

Objective: To accompany Hispanics/Latinos in discovering their gifts and discerning for ministry in the Church and service in society.

Pastoral Approaches

- Recognizing and calling forth gifts of Hispanics/Latinos and facilitating their development and practice of those gifts in ministry and in society
- Investing in the formation of Hispanics/Latinos for successful leadership in the Church
- Including Hispanics/Latinos in diocesan and parish councils, finance councils, school boards, and boards of local Catholic organizations, including seminaries and universities

- Hiring Hispanics/Latinos, particularly young adults and women, in parish and diocesan positions across a variety of ministerial areas
- Reaching out to all Catholics, to those preparing for or currently in public service, and to all engaged in the public square to introduce them to Catholic social teaching principles, with a focus on understanding the common good

Objective: To continue to increase Hispanics/Latinos' access to graduate programs in theology and ministry.

Pastoral Approaches

- Increasing the number of programs specializing in Hispanic/Latino ministry
- Continuing to invest in scholarships for Hispanic/Latino students, and hiring Hispanic/Latino women and men as faculty and staff, especially those who can teach courses on Hispanic/Latino ministry
- Building stronger collaborations between theologians — Hispanic/Latino and non-Hispanic/Latino — and pastoral leaders
- Developing partnerships among Catholic and secular higher educational institutions to create and promote pathways and academic accompaniment for the Hispanic/Latino community's graduate studies and degree completion

7) Pastoral Care for Those in the Periphery

The Church is a promoter and example of justice and mercy. We strongly recommend that priority be given to discerning responses to urgent and vital needs at the local level, especially as pastoral conditions evolve, avoiding the temptation to focus on one at the expense

---

96. See USCCB Committee on Cultural Diversity in the Church, *Building Intercultural Competence for Ministers*; USCCB Committee on Cultural Diversity in the Church, *Best Practices for Shared Parishes.*

of others.[97] The responses need to include both works of charity (direct services) and legislative advocacy for justice, always working for the common good in harmony with Catholic social teaching. Hispanic/Latino Catholics not only benefit from these very important ministries but are also called to be protagonists in building a *society based on social friendship* — a just society that respects human life and dignity from conception to natural death, protects our common home,[98] and is rooted in social friendship and the common good.

Some common peripheries identified in the Hispanic/Latino community include immigrants (both documented and undocumented), refugees and asylum seekers, migrant workers, Indigenous peoples, those who are detained or incarcerated, the military, the Deaf community, people with disabilities, preborn children, victims of domestic violence or human trafficking, those who are seriously ill, those who are elderly, women who become pregnant in difficult circumstances, those affected by unexpected pregnancy, and those experiencing same-sex attraction or sexual identity incongruence. In addition, environmental degradation and toxic chemicals have harmful effects on the health of agricultural and industrial workers, many of whom are Hispanic/Latino. Pollution of the environment is therefore a serious problem in most low-income communities where many Hispanics/Latinos live. Other peripheries include people suffering from poverty, hunger, domestic and community violence, crime, racism and xenophobia, mental and physical illnesses, tendencies toward suicide or self-harm, lack of healthcare, and addictions, among others.

Objective: To empower the Catholic faithful in their role of building a society based on social friendship.

Pastoral Approaches

- Incorporating formation for living and promoting Catholic social teaching in all pastoral formation for ministry — lay and ordained — as well as in catechetical materials for people of all ages

- Encouraging Catholic leaders to be active in all sectors of the local community, helping to address a wide variety of social justice issues, and providing experiences of encounter with those on the periphery

- Listening and responding to the prophetic voice of Hispanic/Latino Catholics, particularly those on the periphery who are most affected by the issues named above

- Engaging in grassroots organizing to facilitate community-based solutions

- Bringing attention to the concerns that are most urgent and vital for social justice and advocacy — locally, nationally, and globally

- Creating accessible programs to form, protect, and help Hispanics/Latinos promote respect for life from conception to natural death

Objective: To increase access to social services that are needed to advance human flourishing among Hispanic/Latino individuals and families.

Pastoral Approaches

- Establishing or deepening partnerships among diocesan offices, parishes, ministries, schools, Catholic Charities, the Society of St. Vincent de Paul, Catholic health services and other Catholic organizations, grassroots organizations, and community partners in Hispanic/Latino communities, in a spirit of *pastoral de conjunto*

- Improving communication with the Hispanic/Latino community about services that are available, and equipping clergy and other pastoral leaders to connect people with the services they need, such as help finding work, mental health resources, financial assistance, community ser-

---

97. See Pope Francis, *Gaudete et Exsultate*, no. 101.
98. See Pope Francis, *Laudato Si'* (*Encyclical Letter on Care for Our Common Home*), May 24, 2015, no. 1, *www.vatican.va/content/francesco/en/encyclicals /documents/papa-francesco_20150524_enciclica-laudato-si.html.*

vices, healthcare, legal representation, and education

- Reinforcing and expanding services that are lacking, in collaboration with other agencies and service providers, ensuring financial and geographic accessibility

---

Objective: To advocate for the material, spiritual, emotional, and relational or psychosocial well-being of Hispanic/Latino families within a context of social friendship.

Pastoral Approaches

- Engaging pastoral leaders and the faithful in working with community organizations, public schools, mental health and healthcare providers, jails, prisons, detention centers, and other institutions
- Providing formation for Hispanic/Latino Catholics on political systems in the United States, including ways to engage in the public square, community organizing, legislative advocacy, and current calls to action at the state and national levels, in English and Spanish[99]
- Collaborating with state Catholic conferences, local Catholic Charities, and community organizations to advocate on behalf of and with the poor, the suffering, and the outcasts on the peripheries to create real policy, legislative, or structural changes as needed
- Partnering with Catholic Relief Services and other global relief organizations to increase global solidarity through prayer, education, encounter, economic support, and advocacy[100]
- Engaging and empowering Hispanics/Latinos running for public office, by offering opportunities for dialogue and formation to help them grow in their under-

standing Catholic social teaching

8) Liturgy and Spirituality

Liturgy and spirituality are central to the life of the Church, as they sustain and express the faith of the People of God in communal prayer and divine worship. Increased access to the celebration of the liturgy and sacramental life in Spanish is essential for nourishing the Catholic identity of new immigrants and their families. Also important is a spirituality nourished in the prayer of the Church and supported by cultural expressions of religiosity that help keep the faith alive, operative, and vibrant.

Objective: To make the celebration of the Sunday liturgy and other sacraments more accessible in Spanish and contextualized by Hispanic/Latino spirituality and lived reality.

Pastoral Approaches

- Promote beautiful, reverent, authentic, and vibrant celebrations of the Sunday liturgy in English, in Spanish, and in a bilingual format
- Providing ongoing formation to help clergy understand the cultural and social reality of Hispanic/Latino people
- Continuing to support the language needs and unique cultural elements, celebrations, and expressions of the liturgy in Hispanic/Latino communities

---

Objective: To form liturgical ministers and musicians for Hispanic/Latino communities.

Pastoral Approaches

- Identifying, inviting, and forming new ministers to serve in a variety of contexts

---

99. Catholic Social Ministry Gathering, state Catholic conferences, Justice for Immigrants, Catholic Relief Services, and Voice of the Poor provide excellent opportunities for engagement in advocacy. Community organizations that receive funding from the Catholic Campaign for Human Development also train local leaders in organizing.
100. See Pope Francis, *Fratelli Tutti*, nos. 142–153.

- Offering homilies in English and Spanish that speak to the reality of the local community to make the connection between faith and life
- Developing a liturgical catechesis, presented in a dynamic and engaging way, to help youth and young adults more fully understand and live the liturgy

9) Promotion of Vocations

An increase in ecclesial vocations among the Hispanic/Latino community, particularly vocations to the priesthood, is essential for the Church to carry out its mission. "At this historical moment, particular attention should be given to US-born Hispanics, who constitute the majority of young people within this population."[101] Local faith communities play a key role in creating a culture of vocations and need to work closely with Hispanic/Latino families to do so. We also need to make more Catholic education opportunities available to the Hispanic/Latino community as a means of discerning and supporting vocations.

Objective: To increase the number of Hispanics/Latinos in the vocations of priesthood, consecrated life, permanent diaconate, lay ecclesial ministry, and marriage.

Pastoral Approaches
- Instructing the faithful on the universal call to holiness and promoting the vocations of priesthood, permanent diaconate, consecrated life, single life, and marriage across ministries and programming
- Encouraging prayer for vocations, particularly to the priesthood and religious life, in Eucharistic adoration and other forms of personal family and community prayer.
- Building relationships with Hispanic/Lati-

no families, developing ministries with young people, and offering young people opportunities for vocational discernment
- Offering accompaniment and spiritual direction for young people who are discerning their vocation
- Equipping diocesan offices with personnel who can engage and model vocations to the priesthood, diaconate, consecrated life, and lay ecclesial ministry
- Encouraging pastors to speak with their Hispanic/Latino young people, in groups and individually, especially to encourage discernment toward the priesthood — that is, offer talks on vocations. For a 2021 special report on cultural diversity in vocations to religious life in the United States, the Center for Applied Research in the Apostolate (CARA) surveyed religious priests, brothers, and sisters and noted that 50 percent indicated that their parish clergy had supported and encouraged them to discern their religious vocation.[102]

10) Catholic Education

Catholic schools, colleges, and universities have historically been a great gift to the Church and its mission, providing the benefit of a Catholic education and preparing leaders in Church and society with a strong Catholic identity. Many of these institutions have been successful in welcoming and integrating the Hispanic/Latino community. However, nationally less than 4 percent of Hispanic/Latino children currently attend a Catholic school. We must urgently redouble our efforts to better reach Hispanic/Latino families and to welcome, embrace, mentor, and form Hispanic/Latino young people in these institutions. Catholic schools need to develop strategies for accessibility and retention (financial and cultural) for Hispanic/Latino families and other underserved communities, respecting

---

101. USCCB, *Program of Priestly Formation*, no. 53.
102. CARA, "Cultural Diversity in Vocations to Religious Life in the United States: Findings from a National Study of New Religious Members," *CARA Special Report*, Summer 2021, 6, *cara.georgetown.edu/s/Summer2021Vocations.pdf*.

the rich diversity of our Catholic community.[103]

Objective: To enroll and graduate more Hispanic/Latino students in Catholic educational institutions.

Pastoral Approaches

- Cultivating a missionary spirit among school staff and administrators
- Creating opportunities for school staff and administration to meet Hispanic/Latino families and affirm the gifts they bring to the local church and community
- Providing information about Catholic educational institutions in ways that are attractive to and accessible by Hispanic/Latino families, considering their language preferences, culture, and location in the community
- Developing strategies to make Catholic education more affordable, and communicating with Hispanic/Latino families about the financial assistance available
- Having schools and dioceses inform Hispanic/Latino families of existing programs within their state, and training Catholic institutions to participate in advocacy to begin or expand school choice programs
- Adapting the school environment to be more welcoming and inclusive spaces, proactively hiring more bilingual Hispanics/Latinos as teachers and administrators, and providing intercultural competency training to school staff and volunteers
- Inviting and preparing members of the Hispanic/Latino community to serve as volunteers, mentors for students and families, and members of advisory bodies regarding budgets, activities, staff development, scholarships, and other areas of school life, thereby helping the schools respond to their Hispanic/Latino community in ways commensurate with their population growth
- Raising awareness among Hispanic/Latino families about Catholic education, preparing children for college, assisting with their discernment and application, and investing in pathways that guarantee some success in the higher education of Hispanic/Latino young people
- Offering a variety of formats, languages, and online components in higher education, in both degree-granting programs and continuing education programs
- Reaching out intentionally to priests from international backgrounds to inform them about the history and centrality of Catholic schools in the life of the Church of the United States
- Having Catholic schools carefully consider how to incorporate Hispanic/Latino families more deeply into the life of the school

The following, final part includes national initiatives that we are committing to carry out over the next ten years, initiatives that can serve as an example for more localized pastoral planning. We invite local pastoral leaders to engage in these activities to the extent that they will equip themselves and their ministries to advance their discerned pastoral priorities.

---

103. Alliance for Catholic Education - University of Notre Dame, *To Nurture the Soul of a Nation: Latino Families, Catholic Schools, and Educational Opportunity* (Notre Dame, Indiana: Alliance for Catholic Education Press, 2009).

PART V
National Projects and Initiatives

This final part of the *National Pastoral Plan* contains several projects and national initiatives that we, as bishops of the United States, commit to carry out over the next ten years. Other initiatives will be incorporated into the plan over the next several years as the ten-year plan will span four USCCB planning cycles.[104]

- Rollout of National Plan
- Pastoral Discernment and Accompaniment of the Hispanic/Latino Ministry Network
- Evangelization and Mission
- Faith Formation and Catechesis
- Pastoral Accompaniment of Families
- Pastoral Formation of Young Adult Leaders
- Immigration and Advocacy
- Pastoral Formation and Action for a Culturally Diverse Church
- Social Justice Formation and Mission
- Leadership Formation and Accompaniment
- Liturgy and Spirituality
- Vocations
- Catholic Education

---

104. The USCCB follows a four-year strategic planning cycle. The ten-year span of this *National Pastoral Plan* will include planning cycles 2021–2024, 2025–2028, 2029–2032, and 2033–2036.

1) Rollout of National Plan

Objective: To assist dioceses in the development and implementation of their pastoral plans, between September 2023 and December 2024.

Outcome: Between seventy-five and one hundred dioceses become familiar with the pastoral plan and can develop their own plans or update them using the pastoral guidelines and priorities of this plan.

Activity 1:	Develop a one-day in-service to present this *National Pastoral Plan*, diocesan statistics, and tools for using the plan to develop local plans.	*By September 2023*
Activity 2:	Hold a national "train the trainers" in-service for coordinators of regional teams.	*By November 2023*
Activity 3:	Hold "train the trainers" pastoral planning workshops in fourteen regions.	*Between January 2024 and June 2024*
Activity 4:	Hold diocesan "train the trainers" in-services in dioceses.	*Between June 2024 and June 2025*
	External collaborators: current ERAVE[105] regional chairs and lead bishops, regional Hispanic/Latino ministry teams, diocesan directors and coordinators for Hispanic/Latino ministry, and national Hispanic/Latino Catholic organizations	

2) Pastoral Discernment and Accompaniment of the Hispanic/Latino Ministry Network[106]

Objective: To engage in a process of pastoral discernment and accompaniment with national and regional Hispanic/Latino Catholic organizations and institutions.

Outcome: A synodal spirit and a common vision develop among leaders of the Hispanic/Latino ministry network and a strengthening of their organizations and institutions.

---

105. See Appendix B for full list of abbreviations of Catholic organizations, departments, major ecclesial movements, and initiatives.
106. The Hispanic/Latino ministry network includes national, regional, diocesan, and local leaders.

Activity 1:	Design a process of dialogue and pastoral discernment using the priorities and outcomes of the V Encuentro's *Proceedings and Conclusions*, the Raíces y Alas Congress 2022 proceedings, and pastoral insights from the 2021 I Asamblea Eclesial para Latinoamérica y el Caribe as a starting point.	*By December 2023*
Activity 2:	Invite national and regional organizations to select priority areas and engage in conversation and pastoral discernment at their annual meetings and other forums.	*From January 2024 to June 2025*
Activity 3:	Conduct a summit on Hispanic/Latino ministry to share pastoral insights, perspectives, and recommendations generated through the dialogue and pastoral discernment process.	*Fall 2025*
	USCCB collaborators: Subcommittee for Hispanic Affairs, Secretariat for Cultural Diversity in the Church External collaborators: national Catholic organizations	

3) Evangelization and Mission

Objective: To create a national movement designed to encounter Hispanics/Latinos on the peripheries, bringing them into the presence of Christ and inviting them to encounter the living Jesus Christ in the Eucharist.

Outcome: Between fifty and seventy-five dioceses engage in a missionary project and see an increase in the number of Hispanic/Latino Catholics who are partaking in the celebration of the Sunday liturgy and otherwise demonstrating a growing appreciation of the Eucharist in the life of the Church.

Activity 1:	Design a process of mission to the peripheries based on the USCCB resource *Creating a Culture of Encounter: A Guide for Joyful Missionary Disciples*.	*By December 2024*
Activity 2:	Provide "train the trainers" in-services in fourteen episcopal regions.	*From January 2024 to January 2028*

Activity 3:	Offer training to guide couples and families through irregular situations, so they may rectify their situation and return to the reception of the Eucharist, and so we can support their families in the reception of the sacraments.	*January to December 2025*
	USCCB collaborators: Subcommittee for Hispanic Affairs; Secretariats for Cultural Diversity in the Church; Evangelization and Catechesis	

Objective: To commemorate the five-hundred-year anniversary of the Guadalupan event and revitalize its evangelizing message and mission.

Outcome: Catholics become more aware of the message and mission of Our Lady of Guadalupe and are better able to engage in this evangelizing mission.

Activity 1:	Develop resources on the message and mission of the Guadalupan event, including a parish guide based on the *Nican Mopohua*.[107]	*By December 2029*
Activity 2:	Hold "train the trainers" in-services in fourteen episcopal regions on the use of the *Nican Mopohua* parish guide.	*January to December 2030*
Activity 3:	Plan a national celebration to mark the five hundred years following the Guadalupan event.	*November or December 2031*
Activity 4:	Promote the anniversary celebration of the Guadalupan event in dioceses across the United States.	*During 2031*
Activity 5:	Mark the celebration of the Guadalupan event as a new beginning of the evangelizing action of the Church.	*December 12, 2031*
	USCCB collaborators: Subcommittee on Hispanic Affairs; Secretariats for Cultural Diversity in the Church, Divine Worship, and Pro-Life Activities External collaborators: national Catholic organizations, regional leaders, and diocesan directors of Hispanic/Latino ministry	

---

107. See Clodomiro L. Siller Acuña, *Para Comprender El Mesansje De Maria De Guadalupe* (Buenos Aires: Argentina, Editorial Guadalupe 1989), 12.

4) Faith Formation and Catechesis

Objective: To form and accompany catechetical leaders in light of the Directory for Catechesis, *with an emphasis on the lay ministry of the catechist.*

Outcome: The number of well-formed Hispanic/Latino catechetical leaders increases between 30 and 50 percent, including a 10 to 20 percent increase in parish staffing for leading catechetical ministries across the country by December 2033.

Activity 1:	Develop in-services and resources, in both English and Spanish, on the *Directory for Catechesis* and the formation of catechetical ministries.	*By December 2023*
Activity 2:	Promote the lay ministry of catechists as a privileged means of evangelizing that strengthens ecclesial communion, by holding ongoing in-services, presentations, and dialogue at national catechetical gatherings and events.	*By December 2025*
Activity 3:	Develop and provide Spanish-language daily readings and reflections in audio and video formats to promote biblical literacy and animation for ministry.	*By December 2024*
Activity 4:	Meet with the national Association of Catholic Publishers to present the vision of this *National Pastoral Plan* and discern the kinds of bilingual resources and catechetical training materials that Catholic publishers can provide.	*By December 2023*
	USCCB collaborators: Subcommittee on Scripture Translations; Secretariats for Evangelization and Catechesis; Divine Worship; and Laity, Marriage, Family Life, and Youth External collaborators: FCH, NALM, NCCL	

5) Pastoral Accompaniment of Families

Objective: To design and develop resources to accompany and form Hispanic/Latino families as missionary disciples in the domestic church.

Outcome: Hispanic/Latino families strengthen their identity as the domestic church and see themselves as missionary disciples.

Activity 1:	Develop resources for Hispanic/Latino families based on the five movements outlined by Pope Francis in *Evangelii Gaudium*, no. 24, with an emphasis on mission.	*By December 2023*
Activity 2:	Create and provide in-services to help dioceses use these resources.	*From January 2024 to January 2028*
Activity 3:	Use the Por Tu Matrimonio website to animate and accompany Hispanic/Latino families as missionary disciples in the domestic church.[108]	*Annually*
	USCCB collaborators: Secretariats for Evangelization and Catechesis; Laity, Marriage, Family Life, and Youth External collaborators: CFLA, FHFM	

Objective: To increase collaboration among Hispanic/Latino family life ministers at the national level.

Outcome: Better coordination and accompaniment develop among Hispanic/Latino family life ministers and ministries.

Activity 1:	Create and maintain a national directory of leaders responsible for Hispanic family life ministries in dioceses and other Catholic organizations and institutions.	*By December 2023*
Activity 2:	Plan and conduct joint annual meetings of CFLA and Hispanic Family Life Ministry in a spirit of *pastoral de conjunto*.	*Annually*
Activity 3:	Collaborate on the implementation of our 2022 resource *Called to the Joy of Love: Pastoral Framework for Marriage and Family Life Ministry* and our 2009 pastoral letter *Marriage: Love and Life in the Divine Plan*.	*Annually*
	USCCB collaborators: Secretariats for Evangelization and Catechesis; Laity, Marriage, Family Life, and Youth External collaborators: CFLA, FHFM	

---

108. See USCCB, Por Tu Matrimonio, *www.portumatrimonio.org*.

Objective: *To enhance formation and accompaniment of Hispanic/Latino couples and parents in parishes.*

Outcome: *Hispanic/Latino families demonstrate a stronger Catholic identity and are better able to live out their faith as couples, parents, and family members in the domestic church.*

Activity 1:	Identify best practices for Hispanic/Latino family ministry in parishes, including marriage preparation and accompaniment, and in family ecclesial ministries and ecclesial movements.	*By June 2024*
Activity 2:	Promote the dissemination of these best practices through annual gatherings, webinars, and the Por Tu Matrimonio website.	*From January 2025 through 2033*
	USCCB collaborators: Secretariats for Evangelization and Catechesis; Laity, Marriage, Family Life, and Youth; Catholic Education; Pro-Life Activities; JPHD	

6) Pastoral Formation of Young Adult Leaders

Objective: *To accompany and form between two thousand and three thousand Hispanic/Latino young adults by 2033 so that they reach their full potential as missionary disciples.*

Outcome: *Bring forth a new generation of Hispanic/Latino young adult leaders formed as missionary disciples.*

Activity 1:	Produce and deliver a leadership program designed for Hispanic/Latino young adults engaged in ministry.	*By 2023*
Activity 2:	Engage dioceses to register annual cohorts of fifteen to twenty participants, and assign each a local VEYAHLI coordinator.	*By 2024*
Activity 3:	Create a Hispanic/Latino young adult accompaniment program and resource center.	*By 2023*
	USCCB collaborators: Secretariats for Cultural Diversity in the Church; Catholic Education (Certification for Ecclesial Ministry and Service); Evangelization and Catechesis; Laity, Marriage, Family Life, and Youth; JPHD	
	External collaborators: VEYAHLI alliance, coordinated by the host organization MACC; LaRED, NIMYA, NFCYM	

7) Immigration and Advocacy

Objective: To support and actively engage in the work of the Justice for Immigrants (JFI) campaign and other initiatives advocating for comprehensive immigration reform that includes a path to citizenship.

Outcome: Catholic leaders become activists on comprehensive immigration reform, generating renewed solidarity with our undocumented brothers and sisters.

Activity 1:	Promote and participate in JFI's educational and advocacy efforts.	*Annually*
Activity 2:	Highlight the theme of immigration in pastoral care and advocacy, in national conferences, and within the Hispanic/Latino ministry network.	*Annually*
Activity 3:	Lift up the active participation of Hispanics/Latinos in the life of the Church, regardless of immigration status.	*Annually*
Activity 4:	Inspire a new generation of advocates, attorneys, and pastoral ministers committed to defending the dignity and rights of undocumented peoples.	*Annually*
	USCCB collaborators: Migration and Refugee Services; CCHD; Catholic Legal Immigration Network, Inc. (CLINIC); JPHD	
	External collaborators: Catholic Relief Services, state Catholic conferences	

8) Pastoral Formation and Action for a Culturally Diverse Church

FORMATION

Objective: To have between seventy-five and one hundred seminaries, dioceses, parishes, and other Catholic organizations and institutions commit to develop higher levels of intercultural competency in their staff and leaders by December 2028.

Outcome: The number of Catholic leaders, lay and ordained, who are interculturally competent and better able to promote ecclesial integration and inclusion in their ministry increases by 20 to 30 percent by December 2028.

Activity 1:	Update the USCCB's 2013 resource *Building Intercultural Competence for Ministers*.[109]	*By December 2023*
Activity 2:	Promote presentations and in-services on *Building Intercultural Competence for Ministers* and our 2013 resource *Best Practices for Shared Parishes*.[110]	*From end of 2024 through December 2028*
	USCCB collaborator: Secretariat for Cultural Diversity in the Church External collaborators: seminaries, houses of formation, Catholic universities, diocesan leaders, other national organizations	

Objective: *To promote formation in Hispanic/ Latino ministry, culture, and language proficiency among all seminarians, candidates to the permanent diaconate, and consecrated men and women.*

Outcome: *Between 50 and 75 percent of newly ordained priests and consecrated men and women are equipped with the knowledge, skills, and attitudes to engage in ministry among Hispanic/ Latinos.*

Activity 1:	Conduct an inventory of available data on how seminaries and houses of formation are preparing students for ministry among Hispanics/Latinos.	*By December 2024*
Activity 2:	Collaborate in the implementation of the *Program of Priestly Formation*, sixth edition, as well as the *National Directory for the Formation, Ministry, and Life of Permanent Deacons in the United States of America*, second edition, with an emphasis on intercultural competencies and best practices in shared parishes.[111]	*Annually*
	USCCB collaborator: Secretariat on Clergy, Consecrated Life, and Vocations External collaborators: National Organization of Seminary Rectors, diocesan offices for vocations, NCDVD, BC, ANSH, ANDH, FHFM, FIP, NFPC, CMSM, LCWR, CMSWR	

---

109. See USCCB Committee on Cultural Diversity in the Church, *Building Intercultural Competence.*
110. See ibid.; USCCB Committee on Cultural Diversity in the Church, *Best Practices for Shared Parishes.*
111. See USCCB, *Program of Priestly Formation*; USCCB, *The National Directory for the Formation, Ministry, and Life of Permanent Deacons in the United States of America*, 2nd ed. (Washington, DC: USCCB, 2021).

YOUNG ADULT LEADERS

Objective: To collaborate in implementing the Journeying Together action plan.	*Outcome:* Hispanic/Latino young adult leaders increase their capacity to relate to, communicate with, and work with young adult leaders from the various cultural families represented in the Journeying Together initiative.

Activity 1:	Promote active participation in implementing the objectives and activities of the Journeying Together action plan.	*June 2023 to December 2024*
Activity 2:	Promote the Journeying Together model for use in local dialogues among cultural groups.	*Annually*
	USCCB collaborators: Secretariats for Cultural Diversity in the Church; Laity, Marriage, Family Life, and Youth; Catholic Education; Evangelization and Catechesis	
	External collaborators: LaRED, NIMYA, NFCYM, CCMA	

9) Social Justice Formation and Mission

Objective: To equip Hispanic/Latino leaders for social mission.	*Outcome:* A greater number of Hispanic/Latino leaders are prepared and able to engage in the social justice mission of the Church.

Activity 1:	Consult Hispanic/Latino leaders for strategy development; and strengthen relationships, presence, and collaboration to reach and engage more Hispanics/Latinos in the social mission of the Church.	*June 2023 to December 2024*
Activity 2:	Build on current Spanish translations and the cultural adaptation strategy for key selected resources like "Two Feet of Love in Action."[112]	*June 2023 to December 2024*
Activity 3:	Promote and expand culturally diverse voices and perspectives through the work of various USCCB departments, highlighting Hispanic/Latino voices as conference or online presenters, writers, or interviewees.	*June 2023 to December 2024*

---

112. See USCCB, "Two Feet of Love in Action."

Activity 4:	Provide opportunities for formation in Catholic social teaching and practices, including direct action, advocacy, and community organizing.	*June 2023 to December 2028*
Activity 5:	Collaborate with the JFI campaign.	*Annually*
	USCCB collaborators: JPHD; Migration and Refugee Services (JFI); Ad Hoc Committee on Racism; CCHD; Secretariats for Cultural Diversity in the Church, Pro-Life Activities, and Laity, Marriage, Family Life, and Youth External collaborator: Catholic Relief Services	

10) Leadership Formation and Accompaniment

Objective: **To form and accompany leaders to more effectively engage with this** National Pastoral Plan for Hispanic/Latino Ministry **and implement it at the local level.**

Outcome: Between one hundred and one hundred twenty dioceses and Catholic organizations benefit from a bilingual ministerial series designed to help them improve their pastoral practices in each of the ministerial areas identified by the V Encuentro process.

Activity 1:	Complete the virtual V Encuentro Ministry Series of workshops and materials.	*By September 2023*
Activity 2:	Promote the V Encuentro Ministry Series to prepare for and follow up on this new *National Pastoral Plan*.	*June 2023 through December 2024*
	USCCB collaborators: Subcommittee for Hispanic Affairs; Secretariat for Cultural Diversity in the Church, various other USCCB departments and secretariats External collaborators: national Catholic organizations, diocesan directors of Hispanic ministry	

11) Liturgy and Spirituality

FORMATION

Objective: To provide formation on preaching and music ministry for a Hispanic/Latino context.

Outcome: Active, conscious participation of Hispanics/Latinos in the Sunday liturgy increases.

Activity 1:	Provide training and formation to clergy on dynamic and culturally appropriate preaching.	*By December 2025*
Activity 2:	Spearhead an initiative to provide liturgical education and formation for musicians in Hispanic/Latino communities.	*2025–2026*
	USCCB collaborators: Committee on Divine Worship External collaborators: AMPHE, Oregon Catholic Press, Liturgical Training Publications	

SCRIPTURE AND THE LITURGY

Objective: To publish a lectionary in Spanish for use in all dioceses in the United States.

Outcome: Hispanic/Latino Catholics in the United States can worship using a common lectionary.

Activity 1:	Approve and publish *La Biblia de la Iglesia en América* for use in the United States of America.	*TBD*
Activity 2:	Develop and publish the lectionary in Spanish.	*By December 2026*
	USCCB collaborators: Committee on Divine Worship, Subcommittee on Scripture Translations	

12) Vocations

Objective: To identify and promote best practices in engaging and accompanying Hispanic/Latino youths and young adults, both US-born and foreign-born, who are discerning a vocation to the priesthood or consecrated life.

Outcome: The number of Hispanic/Latino priests and consecrated men and women being ordained or making their religious profession increases between 10 and 15 percent by December 2033.

Activity 1:	Identify best practices in vocational ministry among Hispanics/Latinos in dioceses and religious congregations, by using current data and conducting a national survey.	*By December 2024*

Activity 2:	Promote youths and young adults and the engagement of Hispanic/Latino families as the cradle of vocations.	*January 2024 through December 2024*
Activity 3:	Develop an initiative to promote best practices in vocational ministry among Hispanics/Latinos, with a special focus on US-born Hispanics/Latinos, that spans from the initial outreach to Hispanic/Latino men, women, and families to their ordination or profession of the evangelical counsels (religious vows).	*By December 2025*
Activity 4:	Create a team to provide dioceses and religious communities with formation and training in promoting Hispanic/Latino vocations, both in person and virtually. Offer two to three training sessions in each of the fourteen episcopal regions.	*Between January 2026 and December 31, 2028*
Activity 5:	Evaluate initiatives and make improvements on the best practices training sessions.	*January to December 2029*
Activity 6:	Roll out improved sessions.	*2030–2033*
	USCCB collaborators: Secretariats for Cultural Diversity in the Church; Clergy, Consecrated Life, and Vocations; Laity, Marriage, Family Life, and Youth; Evangelization and Catechesis. External collaborators: National Organization of Seminary Rectors, diocesan offices for vocations, NCDVD, ANSH, ANDH, AHLMA, CCMA, FHFM, FIP, LaRED, NFCYM, NIMYA, NFPC, CMSM, LCWR, CMSWR	

Objective: To increase the number of priests, permanent deacons, consecrated men and women, and lay ecclesial ministers who are able to effectively accompany the Hispanic/Latino community by 20 to 35 percent by the year 2033.

Outcome: More priests, permanent deacons, consecrated men and women, and lay ecclesial ministers are able and available to lead and coordinate Hispanic/Latino ministries in parishes, with a significant number of Hispanics/Latinos in other Catholic organizations and institutions.

Activity 1:	Launch a national campaign to promote the engagement of Hispanic/Latino youths and young adults at the diocesan and parish levels using a collaborative model, and also within Hispanic/Latino families. Include the promotion of parish groups for Hispanic/Latino youths and young adults and the engagement of Hispanic/Latino families as the cradle of vocations.	*January to December 2024*

Activity 2:	Present and promote the campaign at a national gathering of vocations directors, developed in collaboration with vocation directors and national organizations.	*By December 2025*
Activity 3:	Organize three hybrid gatherings for vocation leaders to highlight best practices in identifying, strengthening relationships with, inviting, and accompanying men and women who are discerning their ecclesial vocation.	*Between June 2024 and June 2025*
Activity 4:	Develop resources based on best practices for use by dioceses, parishes, and religious communities and families.	*By December 2025*
	USCCB collaborators: Secretariats for Cultural Diversity in the Church; Clergy, Consecrated Life, and Vocations; Laity, Marriage, Family Life, and Youth External collaborators: National Organization of Seminary Rectors, diocesan offices for vocations, NCDVD, ANSH, ANDH, AHLMA, LaRED, NFCYM, NIMYA, FHFM, FIP, NFPC, CMSM, LCWR, CMSWR	

13) Catholic Education

CATHOLIC SCHOOLS

Objective: To increase the percentage of Hispanic/Latino children in Catholic schools from 4 to 7 percent by December 2033.

Outcome: More Hispanic/Latino children experience Catholic education and strengthen their Catholic identity and vocational discernment in the service of Church and society.

Activity 1:	Identify best practices in the inclusion of Hispanics/Latinos in Catholic schools in the fourteen territorial episcopal regions.	*By December 2024*
Activity 2:	Promote collaboration and the sharing of best practices and resources in the fourteen episcopal regions.	*January 2025 to December 2028*
Activity 3:	Collaborate in organizing a national symposium on Hispanics/Latinos in Catholic schools.	*In 2026*
	USCCB collaborator: Committee on Catholic Education External collaborators: consortium of eighteen Catholic colleges and universities, LaRED, NFCYM, NIMYA, CCMA	

HIGHER EDUCATION

Objective: To support the pastoral formation and higher education of the Hispanic/Latino community with an emphasis on young adults.

Outcome: A greater number of Hispanics/Latinos earn college degrees as well as master's degrees and doctorates in ministry, theology, religious studies, and related fields.

Activity 1:	Collaborate in research on ways to make higher education more accessible and affordable.	*June 2023 to December 2024*
Activity 2:	Collaborate in organizing a national symposium on higher education.	*Deadline pending*
	USCCB collaborator: Committee on Catholic Education	
	External collaborators: consortium of eighteen Catholic colleges and universities, Association of Catholic Colleges and Universities, LaRED, NFCYM, NIMYA, CCMA	

* * *

Lest we be discouraged by the tremendous task at hand, we humbly pray for an outpouring of the creative love of the spirit or, as Pope Francis calls it, "overflow" (from the Greek *perisseuo*) as we seek to bear fruit in every human situation. "Such overflows of love happen, above all, at the crossroads of life, at moments of openness, fragility, and humility, when the ocean of his love bursts the dams of our self-sufficiency, and so allows for a new imagination of the possible."[113] Pope Francis also reminds us that it is the Holy Spirit who "urges us to go out fearlessly to meet others, and who encourages the Church to become ever more evangelizing and missionary through a process of pastoral conversion."[114]

---

113. Pope Francis, *Let Us Dream: The Path to a Better Future* (New York: Simon & Schuster, 2020), 81.
114. Pope Francis, Message to Ecclesial Assembly.

Prayer

As we implement this new *National Pastoral Plan*, the liberating love of Christ the Redeemer and the maternal love of Our Lady of Guadalupe move us to be a Church that goes forth without fear, that more faithfully accompanies the People of God, and that bears fruits of new life, as we pray:

God of infinite Mercy,
you sent your risen Son
to encounter the disciples on the way to Emmaus.
Grant us today a missionary spirit,
and send us forth to encounter
our sisters and brothers:
to walk with them in friendship,
to listen to their hopes and dreams with compassion,
and to proclaim your Word with courage,
so that they might come to know you once again
in the breaking of the bread.
Make us all missionary disciples, and stay with us always,
as we seek to share the joy of the Gospel
with people of all generations,
from every race, language, culture, and nation.
We ask you this with burning hearts,
filled with the Holy Spirit,
in the name of our Lord Jesus Christ
and through the loving intercession of
our Blessed Mother Mary, Our Lady of Guadalupe,
Star of the New Evangelization in the Americas.
Amen.

Stages of Development of Hispanic/Latino Ministry at the Diocesan Level

Stage 1: Initial Growth — Hispanic/Latino ministry is just beginning in a few parishes that are in the initial stage of welcoming Hispanics/Latinos in their area. Diocesan support usually assists parishes in offering Mass and sacramental preparation in Spanish, which often involves coordinating the efforts of a few bilingual clergy who serve several parishes. Studying population growth and shifting demographics is especially important at this stage to identify where access to the sacraments in Spanish is most needed.

Stage 2: Organic Expansion — Hispanic/Latino ministry is expanding to more parishes, which are beginning to offer Mass in Spanish. Ministry in some parishes is becoming more comprehensive to include faith formation, youth and young adult ministry, family ministry, liturgical ministry formation, and social services, among others, in the language and cultural context of Hispanics/Latinos. Diocesan offices play an important role by supporting emerging Hispanic/Latino leaders and providing resources and programming at the diocesan level that parishes cannot offer alone. This support often includes coordinating direct services of bilingual ministers in several parishes, because most parishes do not have bilingual staff at this stage. Advocacy for needed resources and building of parishes' internal capacity are crucial during this stage.

Stage 3: Structural Development — Hispanic/Latino ministry continues to expand to more parishes, and several parishes have increased their internal capacity. For example, the pastor or parochial vicar now can preside over Sunday Mass and other sacraments, and the parish has bilingual staff and committed lay leaders to coordinate and implement various ministries. The Hispanic/Latino community in some parishes has reached the belonging stage and interacts more with the broader ecclesial community. While the diocese continues to provide direct support to parishes with emerging Hispanic/Latino populations, diocesan support for most parishes transitions from direct services to a greater focus on forming Hispanic/Latino leaders for effective ministry. Strengthening coordination among diocesan offices as well as increasing each ministerial office's internal capacity to support Hispanic/Latino ministry are all crucial at this stage.

Stage 4: Diocese-Wide Shared Responsibility — By this stage, a significant number of parishes are providing comprehensive Hispanic/Latino ministry. The Hispanic/Latino community may even form the majority of parishioners in several of these parishes and may have moved to the stage of co-responsibility. Hispanic/Latino leaders are active in ministries across cultures and ministerial areas. Coordination among diocesan offices has increased, and several diocesan offices commonly have bilingual staff who are trained in intercultural competency. *Pastoral de conjunto* among these ministry areas is extremely important. Those responsible for Hispanic/Latino ministry at the diocesan level play a crucial role in supporting this level of collaboration and coordination. We strongly recommend they play a prominent role in diocesan pastoral planning and advisory bodies as the Hispanic/Latino population grows and as ministry among Hispanics/Latinos continues to develop.

List of Catholic Organizations, Departments, Major Ecclesial Movements, and Initiatives

ACTHUS	Academy of Catholic Hispanic Theologians in the United States
AHLMA	Asociación de Hermanas Latinas Misioneras en América (Association of Latin American Missionary Sisters)
AMPHE	Asociación de Músicos Pastorales Hispanos del Este (Association of Hispanic Pastoral Musicians of the East)
ANSH	Asociación Nacional de Sacerdotes Hispanos (National Association of Hispanic Priests)
ANDH	Asociación Nacional Diáconos Hispanos (National Association of Hispanic Deacons)
BC	Boston College
CALL	Catholic Association of Latino Leaders
CCHD	Catholic Campaign for Human Development
CCMA	Catholic Campus Ministry Association
CELAM	Episcopal Conferences of Latin America

CFLA	Catholic Family Life Association
CMFN	Catholic Migrant Farmworker Network
CMSM	Conference of Major Superiors of Men
CMSWR	Council of Major Superiors of Women Religious
CRS	Catholic Relief Services
CSMG	Catholic Social Ministry Gathering
Cursillo De Cristiandad	
ERAVE	Equipo Regional de Acompañamiento del V Encuentro (V Encuentro Regional Teams for Accompaniment)
FCH	Federation for Catechesis with Hispanics
FIP	Federación de Institutos Pastorales (Federation of Pastoral Institutes)
FHFM	Federation for Hispanic Family Ministry
INHL	Instituto Nacional Hispano de Liturgia (National Institute for Hispanic Liturgy)
Instituto Fe y Vida	
Jóvenes Para Cristo	
JFI	Justice for Immigrants
JPHD	USCCB Department of Justice, Peace, and Human Development
LaRED	National Catholic Network de Pastoral Juvenil Hispana
NFPC	National Federation of Priest Councils
LCWR	Leadership Conference of Women Religious
MACC	Mexican American Catholic College
Marriage Encounter	
MIDCAHM	Midwest Catholic Association of Hispanic Ministry
Movimiento Familiar Cristiano	
NALM	National Association for Lay Ministry
NCADDHM	National Catholic Association of Diocesan Directors of Hispanic Ministry
NCCL	National Community of Catechetical Leaders
NCCS	National Catholic Committee on Scouting
NCPD	National Catholic Partnership on Disability

Discípulos misioneros en salida con alegría

PLAN PASTORAL NACIONAL PARA EL MINISTERIO HISPANO/LATINO

Conferencia de Obispos Católicos de los Estados Unidos

El documento *Plan pastoral para el ministerio hispano/latino* fue elaborado por el Comité de Diversidad Cultural en la Iglesia de la Conferencia de Obispos Católicos de los Estados Unidos (USCCB). Este fue aprobado por todo el cuerpo de USCCB en su reunión general de junio de 2023 y ha sido autorizado para su publicación por el suscrito.

Rev. Michael J.K. Fuller, S.T.D.
Secretario General, USCCB

Ilustración por Carmen Fernández.

Citas del *Código de Derecho Canónico: Edición Latín-Español*, Vaticano, han sido impresas con permiso. Todos los derechos reservados.

Los textos de la Sagrada Escritura utilizados en esta obra han sido tomados de *El Libro del Pueblo de Dios*, propiedad de la Libreria Editrice Vaticana, copyright © 2007. Utilizados con permiso. Todos los derechos reservados.

Publicado por OSV en 2023

Our Sunday Visitor Publishing Division, 200 Noll Plaza, Huntington, IN 46750; www.osv.com; 1-800-348-2440.

ISBN: 978-1-63966-177-0 (Núm. de inventario. T2879)
eISBN: 978-1-63966-186-2
Primera impresión, agosto de 2023

IMPRESO EN LOS ESTADOS UNIDOS

Plan pastoral nacional para el ministerio hispano/latino

Parte I
La visión de la pastoral hispana/latina

En este momento de gracia, los obispos de Estados Unidos afirmamos de nuevo[1] que la presencia hispana/latina[2] entre nosotros es una bendición de Dios para la Iglesia y para nuestro país. La riqueza de la comunidad hispana/latina ha estado presente en nuestras tierras desde hace más de quinientos años.[3] Tal bendición, tal riqueza, se ha hecho más evidente en las últimas décadas. Hemos sido testigos de cómo nuestra comunidad hispana/latina ha revitalizado la vida y la misión de miles de parroquias y otras instituciones y organizaciones católicas. Dios, en sus misteriosas maneras, ha llamado a los hispanos/latinos a abrazar su vocación como alegres discípulos misioneros de la Iglesia en los Estados Unidos. Sus numerosos dones y

bendiciones incluyen:

- Fe profunda en la providencia de Dios
- Aprecio por la vida como don de Dios
- Amor por la familia
- Sentido de comunidad
- Auténtica devoción mariana
- Devociones y tradiciones religiosas populares
- Sentido de hospitalidad y solidaridad
- Movimientos eclesiales[4] y apostolados

La presencia hispana/latina también manifiesta un profundo amor por la Iglesia y un liderazgo cada vez

---

1. Ver Conferencia de Obispos Católicos de los Estados Unidos (USCCB), *La Presencia Hispana: Esperanza y Compromiso: Carta Pastoral sobre el Ministerio Hispano*, noviembre de 1983, en USCCB, *Ministerio Hispano: Tres Documentos Importantes* (Washington DC: USCCB, 1995).
2. En este plan utilizamos el término "hispano/latino". El término "hispano" se ha utilizado históricamente para referirse a personas de ascendencia hispanohablante. Fue adoptado por el liderazgo de la Iglesia para ayudar a definir un pueblo con una identidad, una tradición de fe, valores, visión y misión comunes. A pesar de estos puntos en común, también debemos reconocer y respetar las identidades particulares de las personas de, o con raíces en, los países de América Latina y el Caribe y sus respectivas características raciales, étnicas y culturales, incluyendo las de origen africano, europeo, asiático, y ascendencia indígena. El término "latino" es un término autoidentificado para las personas de ascendencia latinoamericana que ha surgido de la comunidad y se ha vuelto ampliamente utilizado por los líderes de la Iglesia y la comunidad, particularmente en áreas urbanas.
3. USCCB, *Plan Pastoral Nacional para el Ministerio Hispano* (Washington DC: USCCB, 1987), n. 7.
4. En este plan pastoral, el término "movimientos eclesiales" se refiere a grupos que han recibido reconocimiento canónico como asociación de fieles cristianos. Este plan también reconoce la existencia y aportes evangelizadores de otras asociaciones de laicos católicos, movimientos apostólicos, grupos y apostolados.

mayor en las instituciones y organizaciones católicas.

Estamos profundamente agradecidos por la presencia evangelizadora y los múltiples dones de la comunidad hispana/latina. También estamos agradecidos por el proceso de los Encuentros,[5] con su énfasis en la escucha, el diálogo, el discernimiento y el acompañamiento. El proceso de los Encuentros ha sido un medio efectivo para generar la visión y misión de la pastoral hispana/latina al vivir un modelo de Iglesia más misionera y evangelizadora, un modelo que fortalece el sentido de comunidad.[6] Esta visión ha llevado al establecimiento de la pastoral hispana/latina en miles de parroquias y en la mayoría de las diócesis. Este modelo también ha sido terreno fértil para el crecimiento de vibrantes movimientos eclesiales, apostolados y otras organizaciones católicas. Sin duda, la pastoral hispana/latina ha sido una experiencia fructífera en la vida de la Iglesia en los Estados Unidos. Sin embargo, queda mucho por hacer.

Hemos llegado a un momento de *kairós* (es decir, un momento oportuno) para articular un nuevo plan nacional para la pastoral hispana/latina en respuesta directa a las prioridades, recomendaciones y perspectivas pastorales generadas durante el V Encuentro Nacional de Pastoral Hispana/Latina. Hemos escuchado las voces del Pueblo de Dios a través del proceso sinodal del V Encuentro, así como en el Sínodo de 2018 sobre los jóvenes, en el Sínodo 2021-2024: Por una Iglesia sinodal, en la iniciativa del Diálogo Nacional sobre la pastoral católica con adolescentes y jóvenes adultos (2017-2020), en el encuentro intercultural nacional *Journeying Together* [Caminando juntos] y en el Congreso Raíces y Alas 2022, y hemos articulado sus perspectivas e ideas a través de un proceso de discernimiento.

Este *Plan pastoral nacional* se dirige a toda la Iglesia en los Estados Unidos, con el propósito de fortalecer la respuesta de la Iglesia a la presencia hispana/latina, al tiempo que acoge y fomenta las contribuciones de los católicos hispanos/latinos como discípulos misioneros al servicio de todo el Pueblo de Dios.

Afirmamos de todo corazón el urgente "llamado claro para la planificación pastoral integral y sistemática para el ministerio hispano/latino, con un enfoque fuerte en la evangelización y la formación de discípulos misioneros".[7] Invitamos a toda la Iglesia de los Estados Unidos a responder juntos como un solo Cuerpo en Cristo. Nuestra generación tiene una oportunidad única durante la próxima década de prepararse a celebrar el 500° aniversario del Acontecimiento Guadalupano y su impacto evangelizador en 2031, así como los dos mil años de nuestra redención en 2033.

Somos muy conscientes de que la Iglesia en los Estados Unidos implementará este plan dentro de una situación financiera cambiante y con recursos reducidos, factores que han exacerbado aún más las dificultades económicas. El aumento de la xenofobia y la discriminación por motivos de raza u origen étnico también forman parte de esta nueva realidad.

Aunque los desafíos son muchos, el Papa Francisco nos recuerda que el desbordante amor creativo del Espíritu Santo nos impulsa a salir sin miedo al encuentro de los demás y anima a la Iglesia a que, "por un proceso de conversión pastoral, sea cada vez más evangelizadora y misionera".[8] Muchas diócesis, parroquias, movimientos eclesiales, instituciones y organizaciones católicas ya han generado respuestas creativas a estas nuevas realidades. Varias comunidades, organizaciones y ministerios hispanos/latinos y no hispanos/latinos también han desarrollado sus propios planes y estrategias pastorales para fortalecer la pastoral hispana/latina, en respuesta directa a las prioridades y

---

5. El I Encuentro, que tuvo lugar en 1972, fue una chispa que aumentó significativamente la conciencia de la presencia de los hispanos/latinos en la Iglesia. En el II Encuentro (1976-1978), los hispanos/latinos se identificaron como *Pueblo de Dios en marcha*. El III Encuentro (1982-1985) reconoció la presencia y las voces proféticas de los hispanos/latinos entre nosotros. En el IV Encuentro—el cual se convirtió en el Encuentro 2000—los hispanos/latinos se identificaron como gente puente en una Iglesia culturalmente diversa. En el V Encuentro (2017-2020), los hispanos/latinos se afirmaron como alegres discípulos misioneros. En respuesta a la urgente necesidad de fortalecer la pastoral entre los jóvenes hispanos/latinos, tuvo lugar el Primer Encuentro Nacional de Pastoral Juvenil Hispana (2002-2005) en el que los jóvenes afirmaron su papel de protagonistas llamados a forjar juntos el futuro de la Iglesia y de la sociedad. Estas expresiones son más que lemas para eventos o conferencias en distintos lugares y fechas. Son, más bien, expresiones conmovedoras de la madurez desarrollada por los hispanos/latinos durante décadas y del deseo de ofrecer su liderazgo al servicio de la Iglesia y la sociedad en las próximas décadas.
6. Ver Subcomité de Asuntos Hispanos de la USCCB, *Memorias y Conclusiones del V Encuentro Nacional de Pastoral Hispana/ Latina* (Washington DC: USCCB, 2019), 19-21, *https://www.usccb.org/sites/default/files/flipbooks/v-encuentro-conclusions-spanish/*.
7. Subcomité de Asuntos Hispanos de la USCCB, *Memorias y Conclusiones*, 76.
8. Papa Francisco, Mensaje a los participantes en la Asamblea Eclesial de América Latina y el Caribe, 22 de noviembre de 2021, https://www.vatican.va/content/francesco/es/messages/pont-messages/2021/documents/20211015-messaggio-ass-caribe.html.

recomendaciones pastorales del V Encuentro y otros procesos sinodales. Reconocemos estos esfuerzos que nos han inspirado al desarrollar este plan pastoral. Al mismo tiempo, recomendamos encarecidamente que este plan pastoral se utilice como un impulso y un recurso para el desarrollo continuo, la actualización y la implementación de planes y estrategias pastorales en diversos entornos pastorales.

Este *Plan Pastoral Nacional* incluye lo siguiente:

1. La visión y las líneas de acción pastoral crean una base sólida para la pastoral hispana/latina y están dirigidas a los ministros pastorales y a los educadores
2. Estrategias y prioridades pastorales para diócesis, parroquias, regiones y otros entornos pastorales y para ministros pastorales con diversos niveles de experiencia en la pastoral hispana/latina
3. Objetivos y actividades nacionales, dirigidos por la Conferencia de Obispos Católicos de los Estados Unidos (USCCB), para su implementación en los próximos diez años

Con el fin de proporcionar la visión y orientación a toda actividad pastoral con la comunidad hispana/latina, juntos hemos discernido este **objetivo general**:
Vivir y promover un modelo de Iglesia que
- Corresponda a la realidad vivida por el pueblo hispano/latino, en el contexto de una sociedad culturalmente diversa
- Camine como comunidad de discípulos misioneros en sinodalidad, solidaridad y enriquecimiento mutuo
- Sea fermento del Reino de Dios en el mundo

Nosotros, los obispos, buscamos alcanzar este objetivo general de propiciar los encuentros con Cristo vivo

- Acercándonos a las periferias
- Creando una cultura del encuentro
- Acompañándonos unos a otros
- Involucrándonos como promotores y ejemplos de justicia y misericordia
- Inspirando esperanza con la Palabra de Dios y brindando formación integral
- Siendo alimentados y transformados por la Eucaristía
- Siendo enviados a anunciar con alegría la Buena Nueva del Evangelio y a dar fruto en cada situación humana y en nuestra casa común

Creemos firmemente que este objetivo general para la pastoral hispana/latina responde al llamado del Papa Francisco para que seamos una Iglesia evangelizadora que sigue el ejemplo de Cristo en el camino a Emaús (Lc 24, 13-32) acercándonos a las personas que se encuentran en las periferias de la Iglesia y de la sociedad. Nuestro objetivo es también fiel al espíritu misionero de Nuestra Señora de Guadalupe. De manera singular, los hispanos/latinos encuentran a Dios en los brazos de María, la Madre de Dios, donde experimentan su bondad, compasión, protección, inspiración y ejemplo, particularmente bajo la advocación de Nuestra Señora de Guadalupe. El Papa San Juan Pablo II dice que el continente americano "ha reconocido 'en el rostro mestizo de la Virgen del Tepeyac, [...] en Santa María de Guadalupe, [...] un gran ejemplo de evangelización perfectamente inculturada'".[9] Necesitamos este mismo espíritu misionero para continuar creando una cultura de encuentro y animando nuestros ministerios pastorales durante los próximos diez años, ayudándonos mutuamente para caminar juntos como alegres discípulos misioneros en salida, en la solidaridad y la misericordia.

---

9. Papa San Juan Pablo II, *Ecclesia in America* (*Exhortación apostólica postsinodal sobre el encuentro con Jesucristo vivo, camino para la conversión, la comunión y la solidaridad en América*), 22 de enero de 1999, n. 11, *https://www.vatican.va/content/john-paul-ii/es/apost_exhortations/documents/hf_jp-ii_exh_22011999_ecclesia-in-america.html*

Parte II

Líneas de acción para la pastoral hispana/latina

1) Una comunidad de discípulos misione-ros, alimentada y transformada por la Eucaristía, que es enviada a anunciar con alegría la Buena Nueva del Evangelio y a dar fruto en toda situación humana.

> *"Y estando a la mesa, tomó el pan y pronunció la bendición; luego lo partió y se lo dio. Entonces los ojos de los discípulos se abrieron y lo reconocieron, pero él había desaparecido de su vista... En ese mismo momento, se pusieron en camino y regresaron a Jerusalén". —Lucas 24, 30-33*

El sacrificio eucarístico es "fuente y cumbre" de la vida cristiana, por el cual los fieles nos alimentamos, pasando "a ser aquello que recibimos" y fortaleciéndonos para nuestra misión como Cuerpo de Cristo en el mundo.[10] La pastoral hispana/latina necesita que la Santa Misa y otros servicios estén disponibles y accesibles en español, y también necesita que la Iglesia acepte como suyas y celebre aquellas devociones espirituales y tradiciones culturales que son distintivas e importantes para la comunidad local.[11] A través del Avivamiento Eucarístico Nacional de la Iglesia en los Estados Unidos,[12] hacemos el llamado urgente a una renovada apreciación de la Presencia Real de Jesús en la Eucaristía y a **una**

---

10. Concilio Vaticano II, *Lumen Gentium* (*Constitución dogmática sobre la Iglesia*), *https://www.vatican.va/archive/hist_councils/ii_vatican_council /documents/vat-ii_const_19641121_lumen-gentium_sp.html*, nn. 11, 26. Ver Concilio Vaticano II, *Sacrosanctum Concilium* (*Constitución sobre la Sagrada Liturgia*), *https://www.vatican.va/archive/hist_councils/ii_vatican_council/documents/vat-ii_const_19631204_sacrosanctum-concilium_sp.html*, nn. 2, 10; Papa San Juan Pablo II, *Christifideles Laici* (*Exhortación apostólica postsinodal sobre la vocación y la misión de los fieles laicos en la Iglesia y en el mundo*), 30 de diciembre de 1988, n. 19, *https://www.vatican.va/content/john-paul-ii/es/apost_exhortations/documents/hf_jp-ii_exh_30121988_christifideles-laici.html*; Congregación para la Doctrina de la Fe, *Carta a los obispos de la Iglesia católica sobre algunos aspectos de la Iglesia considerada como comunión*, 28 de mayo de 1992, n. 3, *https://www.vatican.va/roman_curia/congregations/cfaith/documents/rc_con_cfaith_doc_28051992_communionis-notio_sp.html*.

11. Ver Subcomité de Asuntos Hispanos de la USCCB, *Memorias y Conclusiones*, 38.

12. El Avivamiento Eucarístico Nacional es una iniciativa de tres años que estamos patrocinando, como los obispos de los Estados Unidos, "para inspirar y preparar al Pueblo de Dios para ser formado, sanado, convertido, unido y enviado a un mundo herido y hambriento a través de un encuentro renovado con Jesús en la Eucaristía... El Avivamiento se lanzó oficialmente en junio de 2022, y su evento más importante será un Congreso Eucarístico Nacional en Indianápolis, IN, del 17 al 21 de julio de 2024. Este movimiento eucarístico pretende reunir al clero, los religiosos, los laicos, los apostolados, los movimientos y los líderes parroquiales y diocesanos para estimular el impulso, la colaboración y el impacto duradero de la renovación de la Iglesia católica en Estados Unidos durante los próximos tres años [desde 2022 hasta 2025]. Cada año tendrá un enfoque estratégico para la formación y el discipulado misionero". Avivamiento Eucarístico Nacional, "Preguntas frecuentes", consultado el 17 de enero de 2023, *https://es.eucharisticrevival.org/faqs*.

participación más profunda en este sacramento. Animamos a los líderes pastorales a utilizar todos los medios a disposición de la Iglesia para asegurar la participación plena y activa de los hispanos/latinos en la liturgia, que es el culto ofrecido a Dios Padre, por medio de Cristo Hijo, en el poder del Espíritu Santo.

Desde la celebración eucarística, somos enviados a dar fruto en el mundo. Todos los bautizados están llamados a participar plenamente en la vida y misión de la Iglesia. Ese llamado incluye la necesidad de abogar y actuar para lograr la participación de todas las personas en la vida y los bienes de la sociedad.[13] Por lo tanto, se deben hacer esfuerzos genuinos para garantizar que incluyamos a los marginados y a los que se sienten excluidos.[14]

Afirmamos la visión articulada por el V Encuentro de que "la pastoral hispana/latina da prioridad a los jóvenes, las familias, las mujeres y las personas en las periferias, incluidos los inmigrantes indocumentados, los DREAMers, las generaciones diversas, las familias con escasos recursos económicos o que sufren de innumerables formas, al igual que los profesionales entre nosotros, quienes a veces son olvidados frente a un mar de necesidades pastorales urgentes, siempre con un enfoque en la justicia y el desarrollo humano".[15] También reconocemos que "la comunidad hispana/latina enfrenta muchas violaciones y amenazas contra la dignidad humana, incluidos los ataques al derecho a la vida, que es el 'derecho primero y fontal, condición de todos los otros derechos de la persona".[16] Por lo tanto, la pastoral hispana/latina también debe dar prioridad a aquellos que se encuentran en los márgenes dentro de la propia comunidad hispana/latina, aquellos cuyas vidas están bajo amenaza particular, como por ejemplo las personas con discapacidades, los niños no nacidos, los ancianos y las personas con enfermedades graves.

Invitamos a los líderes pastorales a "ejercer su voz profética sin temor" y a desarrollar o promover respuestas pastorales específicas a los problemas que afectan a sus comunidades locales,[17] al mismo tiempo que invitamos a los fieles a promover el bien común a nivel nacional y global. Instamos a que nuestras respuestas pastorales incluyan una amplia gama de asuntos de justicia social y que abarquen tanto servicios directos a través de obras de caridad como actividades de abogacía "para abordar las causas fundamentales de los problemas que enfrentan nuestras comunidades".[18] De esta forma actualizaremos[19] e inculturaremos[20] la Palabra en nuestras comunidades, como proclaman las palabras del Salmo 126, 5-6: "Los que siembran entre lágrimas / cosecharán entre canciones. / El sembrador va llorando / cuando esparce la semilla, / pero vuelve cantando / cuando trae las gavillas".

2) Una Iglesia profética, animada y formada por la Palabra, que es promotora y ejemplo de justicia y misericordia

> *"Y comenzando por Moisés y continuando en todas las Escrituras lo que se refería a él". —Lucas 24, 27*

A lo largo de la historia de la pastoral hispana/latina en los Estados Unidos, la preocupación por los pobres, los

---

13. Ver Concilio Vaticano II, *Lumen Gentium*, n. 33; Concilio Vaticano II, *Sacrosanctum Concilium*, n. 14; y el Concilio Vaticano II, *Gaudium et Spes* (*Constitución pastoral sobre la Iglesia en el mundo actual*), n. 31, *https://www.vatican.va/archive/hist_councils/ii_vatican_council/documents/vat-ii _const_19651207_gaudium-et-spes_sp.html*.

14. Ver Sínodo de los Obispos, Secretaría General, *Vademécum para el Sínodo sobre la Sinodalidad*, septiembre de 2021, n. 1.4, *https://www.synod.va/es /news/vademecum-para-el-sinodo-sobre-la-sinodalidad.html*.

15. Subcomité de Asuntos Hispanos de la USCCB, *Memorias y Conclusiones*, 26. "El Dream Act protegería permanentemente a ciertos inmigrantes que llegaron a los Estados Unidos cuando eran niños pero que son vulnerables a la deportación... La primera versión de la Ley del Desarrollo, Alivio y Educación para Menores Extranjeros (DREAM por sus siglas en inglés) se introdujo en 2001. En parte debido a la publicidad en torno a ese proyecto de ley, los jóvenes inmigrantes indocumentados han sido denominados 'Dreamers' [Soñadores]. Durante los últimos 20 años, se han presentado al Congreso al menos 11 versiones del Dream Act... A pesar del apoyo bipartidista para cada iteración del proyecto de ley, ninguno se ha convertido en ley". "The Dream Act: An Overview," American Immigration Council, accessed April 1, 2022, *www.americanimmigrationcouncil.org/research/dream-act-overview*.

16. Subcomité de Asuntos Hispanos de la USCCB, *Memorias y Conclusiones*, 145, citando el Papa san Juan Pablo II, *Christifideles Laici*, n. 38.

17. Ibid., 82.

18. USCCB, "Los dos pies del amor en acción: Guía del facilitador", consultado el 9 de febrero de 2023, *https://www.usccb.org/about/justice-peace-and -human-development/upload/dos-pies-del-amor-en-accion-guia-del-facilitador.pdf*, p. 3.

19. Ver Pontificia Comisión Bíblica, *La interpretación de la Biblia en la Iglesia*, 15 de abril de 1993, sec. IV.A.

20. Ver Papa Benedicto XVI, *Verbum Domini* (*Exhortación apostólica postsinodal sobre la Palabra de Dios en la vida y en la misión de la Iglesia*), 30 de septiembre de 2010, nn. 114, 116, *https://www.vatican.va/content/benedict-xvi/es/apost_exhortations/documents/hf_ben-xvi_exh_20100930_verbum-domini.html*.

marginados y los que sufren ha estado al frente de la planificación y el acompañamiento pastoral.[21] Según el Concilio Vaticano II, el papel pastoral de la Iglesia en el mundo incluye la promoción de la justicia y el bien común.[22] El Papa San Pablo VI llamó a la interacción entre la fe y la cultura "el drama de nuestro tiempo",[23] evocando la imagen guía de construir una "civilización del amor" ("*la civiltà dell'amore*").[24]

La Iglesia ejemplifica su compromiso con la justicia y la misericordia dentro de sus propias actividades pastorales al asumir compromisos concretos para apoyar el cuidado y acompañamiento religioso privilegiado y preferencial de los que viven en la pobreza y los que sufren.[25] La voz profética de la Iglesia pide una reforma migratoria justa y humana, denuncia la discriminación y el racismo, promueve el matrimonio y la familia, y defiende la vida y la dignidad de toda persona. Esta voz profética es esencial para analizar los desafíos de nuestro mundo actual y visualizar un futuro mejor.

Así como Jesús dio esperanza a los discípulos en el camino de Emaús al interpretarles la Sagrada Escritura, la Palabra de Dios continúa siendo fuente de vida para la Iglesia y su misión; la Palabra es un medio privilegiado para encontrar a Jesucristo vivo. A lo largo del Antiguo Testamento, los profetas señalaron la conexión entre el culto correcto y la relación correcta con Dios y con los demás, con especial atención en el amor y cuidado preferencial de Dios por los pobres, huérfanos, viudas y forasteros. En los Evangelios, Jesús da ejemplo de justicia y misericordia, llamando "bienaventurados" a los pobres, mansos y misericordiosos, así como a los que trabajan por la paz y a los perseguidos (Mt 5, 3-12; Lc 6, 20-22). Jesús nos recuerda que cuando atendemos a las necesidades de quien está hambriento, desnudo o encarcelado, lo atendemos a él (Mt 25, 31-40).

Hacemos un llamado a la animación bíblica de la pastoral hispana/latina, es decir, dejar que la Biblia ins-pire "toda la pastoral ordinaria y extraordinaria".[26] La Palabra de Dios anuncia, sana, orienta, anima, transforma e instruye. "Pertenece al corazón y a la identidad misma de la vida cristiana. La Palabra tiene en sí el poder para transformar las vidas".[27] Entre los católicos hispanos/latinos, la consulta del V Encuentro dejó ver un gran interés por conocer más profundamente la Sagrada Escritura.[28]

Hacemos eco del llamado de los delegados del V Encuentro para una formación en la fe y una catequesis que lleven a un proceso de aprendizaje y de conversión personal de por vida, siempre enraizado en el encuentro personal con Jesucristo, con un claro énfasis en el conocimiento y uso de la Biblia.[29] La transmisión de la fe en la comunidad hispana/latina se apoya en el fortalecimiento de la iglesia doméstica. Esto se materializa en el empoderamiento de las familias para dar vida a la fe en el hogar y en sus comunidades, fomentando las expresiones y celebraciones religiosas del pueblo hispano/latino como dones para la Iglesia, tanto en inglés como en español, e incorporándolos cada vez más profundamente en los sacramentos y los misterios de la fe. Todo esto, a la vez llamando y enviando a cada hispano/latino como discípulo misionero, a compartir valientemente este don con todos los que encuentre en el camino.

Para que los fieles asuman su papel de protagonistas en la vida y misión de la Iglesia, necesitan una formación pastoral integral en el ministerio. La misma debe formar a la persona en su totalidad, abarcando las cuatro áreas de formación —humana, espiritual, intelectual y pastoral— y las tres dimensiones de identidad, saber y saber hacer, con especial énfasis en

21. Ver USCCB, *Presencia Hispana*, 70; Secretariado de Asuntos Hispanos de la USCCB, *Voces Proféticas: El Documento del Proceso del III Encuentro Nacional Hispano de Pastoral* (Washington DC: USCCB, 1986), 6.
22. Ver Concilio Vaticano II, *Gaudium et Spes*, nn. 42-45, 60, 73.
23. Papa San Pablo VI, *Evangelii Nuntiandi* (Exhortación apostólica sobre la evangelización en el mundo contemporáneo), 8 de diciembre de 1975, n. 20, *https://www.vatican.va/content/paul-vi/es/apost_exhortations/documents/hf_p-vi_exh_19751208_evangelii-nuntiandi.html.*
24. Papa San Pablo VI, Homilía de Clausura del Año Santo, 25 de diciembre de 1975, *www.vatican.va/content/paul-vi/it/homilies/1975/documents/hf_p-vi_hom_19751225.html.*
25. Ver Papa Francisco, *Evangelii Gaudium* (Exhortación apostólica sobre el anuncio del Evangelio en el mundo actual), 24 de noviembre de 2013, nn. 197-201, *https://www.vatican.va/content/francesco/es/apost_exhortations/documents/papa-francesco_esortazione-ap_20131124_evangelii-gaudium.html.*
26. Benedicto XVI, *Verbum Domini*, n. 73.
27. Papa Francisco, *Gaudete et Exsultate* (Exhortación apostólica sobre el llamado a la santidad en el mundo actual), 19 de marzo de 2018, n. 156, *https://www.vatican.va/content/francesco/es/apost_exhortations/documents/papa-francesco_esortazione-ap_20180319_gaudete-et-exsultate.html*, citando a la Conferencia de Obispos Católicos de India, *Declaración Final de la XXI Asamblea Plenaria*, 18 de febrero de 2009, 3.2.
28. Ver Subcomité de Asuntos Hispanos de la USCCB, *Memorias y Conclusiones*, 148.
29. Ibid., 77-78.

desarrollar capacidades interculturales. No podemos dejar de enfatizar la importancia de tomar en serio las recomendaciones del V Encuentro para hacer que la formación y el desarrollo del liderazgo sean accesibles y flexibles, y para asegurar que correspondan a la realidad concreta de quienes se están formando.

3) Un modelo pastoral de encuentro con Cristo, acompañamiento y cercanía

> *"Mientras conversaban y discutían, el mismo Jesús se acercó y siguió caminando con ellos". —Lucas 24, 15*

En su encuentro con los dos discípulos en el camino a Emaús, Jesús fue ejemplo del acompañamiento y de la acción pastoral de un discípulo misionero. Este pasaje de la Escritura, así como la descripción del Papa Francisco de una comunidad evangelizadora en *Evangelii Gaudium*[30]— sentó las bases para los cinco movimientos del proceso del V Encuentro: (1) primerear, (2) involucrarse, (3) acompañar, (4) fructificar y (5) festejar. Una prioridad identificada a través del proceso de consulta del V Encuentro fue la necesidad de un fuerte enfoque en la evangelización y la formación de discípulos misioneros.[31]

Con el fin de anunciar a Cristo con mayor autenticidad y profundizar nuestro discipulado misionero,[32] hacemos un llamado a todos los fieles, especialmente a los líderes pastorales, a dar prioridad a la conversión continua y al encuentro personal diario con Cristo. Los encuentros personales con Jesucristo deben ser el centro de cada ministerio y de cada reunión, para así "permitir que el Espíritu Santo inspire y conduzca todos los ministerios hacia el testimonio y el discipulado".[33] Los líderes pastorales pueden fomentar este encuentro íntimo con Cristo de maneras diversas: "a través de la oración, los sacramentos, el culto, las Escrituras y las obras de misericordia".[34] Para la pastoral hispana/latina, la evangelización requiere también un profundo aprecio por el don de la piedad popular viva en nuestras comunidades,[35] una espiritualidad entendida como *mística*, haciendo referencia a "las motivaciones, valores profundos, tradiciones, oración, música, arte y metodologías que dan vida a un proceso del pueblo, crean experiencias de fe y generan una espiritualidad que incentiva la fe y el ministerio".[36]

Entre los hispanos/latinos, "las pequeñas comunidades eclesiales han sido, y continúan siendo, una expresión valiosa de los esfuerzos de evangelización de la Iglesia".[37] En ellas, los fieles se acompañan, comparten la Palabra de Dios y la encarnan en el servicio.[38] Los movimientos eclesiales y los apostolados también desempeñan un papel clave en la obra de evangelización en la comunidad hispana/latina atrayendo a más personas a retomar su camino espiritual, a tener un encuentro personal con Jesucristo y, sobre todo, a comprometerse a compartir su testimonio de fe con los demás. Animamos a los movimientos a ser siempre fieles a las misiones únicas para las que fueron fundados, siguiendo donde los lleve el Espíritu Santo, fortaleciendo sus lazos eclesiales y el acompañamiento mutuo.[39]

30. Ver n. 24

31. Ver Subcomité de Asuntos Hispanos de la USCCB, *Memorias y Conclusiones*, 76.

32. Ver Comité de Evangelización y Catequesis de la USCCB, *Viviendo como discípulos misioneros: Recurso para la evangelización* (Washington DC: USCCB, 2017), 1 *https://www.usccb.org/sites/default/files/flipbooks/living-as-missionary-disciples-spanish/files/assets/basic-html/page-I.html*.

33. Ibid., 3; ver 9-14. Ver también Papa Francisco, *Evangelii Gaudium*, n. 3

34. Ibid., 10.

35. Ver Congregación para el Culto Divino y la Disciplina de los Sacramentos, *Directorio sobre la Piedad Popular y la Liturgia: Principios y Orientaciones*, diciembre de 2001, *https://www.vatican.va/roman_curia/congregations/ccdds/documents/rc_con_ccdds_doc_20020513_vers-direttorio_sp.html*; Papa Francisco, *Christus Vivit (Exhortación apostólica postsinodal a los jóvenes y a todo el pueblo de Dios)*, 25 de marzo de 2019, n. 238, *https://www.vatican.va/content/francesco/es/apost_exhortations/documents/papa-francesco_esortazione-ap_20190325_christus-vivit.html*.

36. Subcomité de Asuntos Hispanos de la USCCB, *Memorias y Conclusiones*, 232. Ver también Papa San Pablo VI, *Evangelii Nuntiandi*, n. 48; Subcomité de Asuntos Hispanos de la USCCB, *Memorias y Conclusiones*, 73; USCCB, *Plan Pastoral Nacional* (1987), Apéndice D; USCCB, *Presencia Hispana*, n. 5.; Consejo Episcopal Latinoamericano (CELAM), *Documento Conclusivo de Aparecida* (Bogotá, Colombia: CELAM, 2007), n. 264, *https://celam.org/wp-content/uploads/2021/07/5-conferencia-general-aparecida.pdf*, citando al CELAM, *Documento de Puebla III Conferencia General del Episcopado Latinoamericano* (enero de 1979), sec. 3.1, n. 446.

37. USCCB, *Encuentro y Misión: Un marco pastoral renovado para el ministerio hispano* (Washington DC: USCCB, 2002), n. 41.

38. Ver Papa San Juan Pablo II, *Christifideles Laici*, n. 26; Comité de Asuntos Hispanos de la USCCB, *Comunión y Misión: Orientaciones para obispos y agentes pastorales sobre pequeñas comunidades eclesiales* (Washington, DC: USCCB, 1995).

39. Ver Papa San Juan Pablo II, *Christifideles Laici*, n. 30.

Como Pueblo de Dios caminando juntos, estamos llamados a acompañarnos unos a otros. Para ello, todos los fieles, en particular los párrocos y otros líderes pastorales, están llamados a desarrollar un verdadero "arte del acompañamiento".[40] Siguiendo el modelo de Jesús, el acompañamiento comienza por salir al encuentro de las personas donde se encuentren y escucharlas, para luego animar, guiar, apoyar, unir y abogar por sus necesidades.[41] Los numerosos obispos, sacerdotes, religiosos, diáconos y líderes pastorales laicos comprometidos que han animado el desarrollo de la pastoral hispana/latina desde sus inicios han sido ejemplos de este acompañamiento. A su vez, ellos también han sido bendecidos por el acompañamiento de las comunidades hispanas/latinas a quienes han pastoreado, ya que los hispanos/latinos han ofrecido a los líderes pastorales nuevas formas de vivir su llamado bautismal y sacerdotal. La profunda fe de los hispanos/latinos y su confianza en la providencia de Dios ha sido transformadora para muchos.

El acompañamiento y el encuentro con el "otro" crean, asimismo, un lazo de amistad con numerosas tradiciones religiosas, incluyendo el judaísmo y el islam, que existen en nuestro país. Incluso si las relaciones con algunos de esos grupos han sido hostiles en el pasado, ha llegado el momento de derribar los mu-ros y acercarnos a ellos, así como a nuestros hermanos cristianos, invitándolos a participar siempre que sea posible. De hecho, como lo expresa el Papa San Juan Pablo II, "el ecumenismo, el movimiento a favor de la unidad de los cristianos, *no es sólo un mero 'apéndice',* que se añade a la actividad tradicional de la Iglesia. Al contrario, pertenece orgánicamente a su vida y a su acción y debe, en consecuencia, inspirarlas".[42]

A partir de nuestro encuentro personal con Cristo vivo y su Iglesia, todos los bautizados estamos llamados a salir y acercarnos a las periferias. Esta cercanía implica seguir el ejemplo de Jesús, teniendo un encuentro con el otro y, a través de esta experiencia, un encuentro con el Dios vivo. De esta manera, pasamos del lenguaje de "nosotros vs. ellos" al lenguaje de "nosotros". El Papa Francisco nos llama a alejarnos de una cultura de indiferencia y división y a movernos hacia una cultura de encuentro.[43] Este encuentro es un momento oportuno para que intensifiquemos la espiritualidad de la misión encarnada en el proceso del V Encuentro, una visión que va más allá de la mentalidad de "seguir como de costumbre". Que seamos transformados por un "impulso misionero" para que todo lo que hagamos sea "para la evangelización del mundo actual más que para la autopreservación [de la Iglesia]".[44]

4) Una visión y práctica pastoral que busca la integración e inclusión eclesial en el contexto de una Iglesia multicultural

> *"Me hice judío con los judíos para ganar a los judíos... Y con los que no están sometidos a la Ley...me hice como uno de ellos, a fin de ganar a los que no están sometidos a la Ley.... Y me hice débil con los débiles, para ganar a los débiles. Me hice todo para todos, para ganar por lo menos a algunos, a cualquier precio. Y todo esto, por amor a la Buena Noticia, a fin de poder participar de sus bienes".* —1 Corintios 9, 20. 21-23

40. Papa Francisco, *Evangelii Gaudium*, nn. 44, 99, 169-173; Ver Congregación para el Clero, *Instrucción: La conversión pastoral de la comunidad parroquial al servicio de la misión evangelizadora de la Iglesia*, 20 de julio de 2020, n. 26, *https://press.vatican.va/content/salastampa/es/bollettino/pubblico/2020/07/20/inst.html*; USCCB, *Program of Priestly Formation* [Programa de Formación Sacerdotal], 6ª ed. (Washington DC: USCCB, 2022), nn. 44, 367, 374, 382; Comité de Evangelización y Catequesis de la USCCB, *Viviendo como discípulos misioneros*, 15-17.

41. Ver Arzobispo Christophe Pierre, "La alegría de ser discípulos misioneros", discurso pronunciado en el V Encuentro Nacional de la Pastoral Hispana/Latina, Grapevine, TX, 20 de septiembre de 2018, *https://vencuentro.org/wp-content/uploads/2019/11/Pierre-Keynote-EncuentroSpanishText.pdf*. Ver también Papa Francisco, *Evangelii Gaudium*, n. 31; Papa Francisco, Discurso en el encuentro con el clero, personas de vida consagrada y miembros de consejos pastorales, Catedral de San Rufino, Asís, 4 de octubre de 2013, *https://www.vatican.va/content/francesco/es/speeches/2013/october/documents/papa-francesco_20131004_clero-assisi.html*.

42. Papa San Juan Pablo II, *Ut Unum Sint* (*Carta encíclica sobre el empeño ecuménico*), 25 de mayo de 1995, n. 20, énfasis original, *https://www.vatican.va/content/john-paul-ii/es/encyclicals/documents/hf_jp-ii_enc_25051995_ut-unum-sint.html*.

43. Ver Papa Francisco, "Meditación matutina por una cultura del encuentro", 13 de septiembre de 2016, *https://www.vatican.va/content/francesco/es/cotidie/2016/documents/papa-francesco-cotidie_20160913_cultura-encuentro.html*; Papa Francisco, *Evangelii Gaudium*, n. 220; Papa Francisco, *Fratelli Tutti* (*Carta encíclica sobre la fraternidad y la amistad social*), 3 de octubre de 2020, nn. 215-217, *https://www.vatican.va/content/francesco/es/encyclicals/documents/papa-francesco_20201003_enciclica-fratelli-tutti.html*.

44. Ver Papa Francisco, *Evangelii Gaudium*, n. 27.

En el centro mismo de la historia de éxito de la pastoral hispana/latina yace la capacidad de la Iglesia para incentivar la participación de los fieles en sus realidades concretas, siguiendo el ejemplo misionero de San Pablo. Esta capacidad se deriva del principio de integración e inclusión eclesial, a través del cual comunidades distintas logran formar una comunidad de fe unida, a través de un proceso de bienvenida, pertenencia y corresponsabilidad.[45] Este proceso, profundamente humano y lleno de gracia, requiere un acompañamiento intencional y de amor por parte de los líderes pastorales.

La integración e inclusión eclesial comienzan con el acercamiento y la auténtica acogida a las comunidades tales como los nuevos inmigrantes y las personas de las periferias. También implican el cuidado pastoral de los hispanos/latinos nacidos y criados en los Estados Unidos quienes enfrentan desafíos y gozan de oportunidades generacionales. Al brindar atención pastoral en el idioma, los contextos culturales y las situaciones sociales de estas comunidades, los equipamos para interactuar y comprometerse con la comunidad eclesial más amplia desde una posición de fortaleza. La labor de la Iglesia católica de formar a los inmigrantes católicos en la fe y animarlos a participar plenamente en la cultura y la sociedad estadounidense, en toda su diversidad, es un don maravilloso. El enriquecimiento mutuo y la colaboración entre las comunidades —así como el desarrollo del liderazgo, el enfoque en la capacidad intercultural y la inclusión en los órganos consultivos— conducen a un sentido de pertenencia. Un mayor liderazgo y participación en la comunidad eclesial más amplia genera un sentido de corresponsabilidad, de compartir los dones (tiempo, talento y tesoro) más generosamente y de ser gente puente en salida para llegar a los que aún se encuentran en las periferias.

Este proceso ha servido a inmigrantes católicos de todo el mundo, tanto documentados como indocumentados. Les ha dado la oportunidad de adaptarse a las nuevas realidades de la Iglesia en los Estados Unidos y de integrarse a la sociedad estadounidense manteniendo su rica herencia cultural y su identidad católica. En el contexto de la pastoral hispana/latina, la integración e inclusión eclesial también implican la integración e inclusión dentro de la misma comunidad hispana/latina. Este esfuerzo requiere el reconocimiento y respeto de las identidades particulares de las personas de (o cuyas raíces provienen de) los países de América Latina y el Caribe y de sus respectivas características raciales, étnicas y culturales, incluyendo las de origen africano, europeo, asiático, y ascendencia indígena. Este proceso también exige un acompañamiento pastoral creativo entre los hispanos/latinos nacidos en los Estados Unidos y las generaciones posteriores, a medida que forjan su identidad cultural única dentro de la Iglesia en los Estados Unidos. El creciente número de matrimonios entre personas de diferentes culturas y tradiciones religiosas es una parte importante de esta realidad. También reconocemos la presencia de católicos hispanos/latinos que son miembros de iglesias de rito oriental.

Este principio de integración e inclusión eclesial se vive dentro de una Iglesia culturalmente diversa, particularmente en miles de parroquias compartidas en todo nuestro país, es decir, donde comunidades de diferentes orígenes raciales, étnicos y culturales comparten la misma parroquia. En su esencia, este proceso de integración e inclusión busca promover la comunión. Este proceso ha llevado a una sana interacción entre diferentes grupos raciales, étnicos y culturales en un espíritu de comunión.[46]

Sin embargo, incluso dentro de la Iglesia, el racismo, la xenofobia, la discriminación y la exclusión continúan siendo experimentados por muchos de nuestros hermanos y hermanas hispanos/latinos y otros grupos raciales, étnicos y culturales, ya sean inmigrantes o nacidos en los Estados Unidos.[47] A fin de abordar este ciclo destructivo del mal, es imperativo que capacitemos a todos los líderes de la Iglesia, incluidos nuestros líderes de la pastoral hispana/latina, para que sepan manejar la complejidad y la diversidad de todas las razas, etnias y culturas, así como para abogar en nombre de la equidad y la justicia racial.[48] Como el *Catecismo de la Iglesia*

---

45. Ver Comité de la Diversidad Cultural en la Iglesia de la USCCB, *Mejores prácticas en parroquias compartidas: Para que todos sean uno* (Washington DC: USCCB, 2013), 67-68, 77-90.
46. Ver Subcomité de Asuntos Hispanos de la USCCB, *Memorias y Conclusiones*, 83.
47. Ver ibid., 42, 114, 120-121, 145-146.
48. Ver USCCB, *Abramos nuestros corazones: El incesante llamado al amor* (Washington DC: USCCB, 2018), *https://www.usccb.org/issues-and-action/human-life-and-dignity/racism/upload/open-wide-our-hearts-spanish.pdf.*

Católica afirma: "La igual dignidad de las personas e-xige que se llegue a una situación de vida más humana y más justa. Pues las excesivas desigualdades económicas y sociales entre los miembros o los pueblos de una única familia humana resultan escandalosas y se oponen a la justicia social, a la equidad, a la dignidad de la persona humana y también a la paz social e internacional".[49]

Cristo vino y fue crucificado para "que todos sean uno" (Jn 17, 21). Este deseo de unidad debe ser el punto de partida para encuentros profundos y significativos entre pueblos diversos. "Por la comunión con Cristo, Cabeza del Cuerpo místico", y viviendo en comunión con todos los creyentes, somos profundamente transformados por el don de la gracia de Dios, y así construimos en Cristo la comunidad fraternal.[50] Reconocemos este proceso de ser transformados por la gracia de Dios y de crecimiento en el amor de Cristo como fruto de integración e inclusión eclesial. Tal fruto de comunión se expresa y se alimenta de manera más plena en la celebración de la Eucaristía.

Invitamos a todos los católicos a ser gente puente en este esfuerzo. Para ello, nosotros, los obispos, recomendamos el estudio y la implementación de las seis lecciones centrales que surgieron de nuestro proceso intergeneracional Caminando Juntos de diálogo intracultural e intercultural entre seis familias culturales: (1) apreciación de la memoria histórica, (2) inclusión activa, (3) diversidad y dones, (4) práctica del acompañamiento, (5) oportunidades de formación y (6) esperanza perdurable.[51] Estas lecciones surgieron inicialmente de las ideas de los jóvenes adultos, pero se aplican a todas las generaciones y culturas.

Para fomentar la integración e inclusión eclesial, los líderes pastorales debemos estar dispuestos a convertirnos en todo para todos, como San Pablo, y adoptar nuevas actitudes y aumentar nuestros conocimientos y habilidades para construir la unidad en nuestra diversidad.[52] Por lo tanto, recomendamos encarecidamente a los líderes de la Iglesia que desarrollen la capacidad intercultural y la incorporen en los programas de formación y educación continua para clérigos, religiosos y líderes pastorales laicos. El aumento de la destreza intercultural aumentará la capacidad interna de la Iglesia para promover efectivamente el proceso de integración e inclusión eclesial de aquellos que aún no han sentido el abrazo de la Iglesia.

5) Una Iglesia sinodal y misionera que es fermento del Reino de Dios en el mundo

"Que todos sean uno: como tú, Padre, estás en mí y yo en ti, que también ellos sean uno en nosotros, para que el mundo crea que tú me enviaste". — Juan 17, 21.

Bajo la orientación pastoral y la visión del Papa Francisco, la Iglesia universal ha emprendido un camino sinodal que encarna las enseñanzas del Concilio Vaticano II para la renovación eclesial en todos los niveles y en todos los lugares del mundo. Para los católicos hispanos/latinos en los Estados Unidos, este camino es una importante afirmación del discernimiento pastoral y las prioridades que han estado en el núcleo de la pastoral hispana/latina, más expresamente a través de los procesos de los cinco Encuentros y en el *Plan pastoral nacional* de 1987, con su énfasis en un modelo de Iglesia "comunitaria, evangelizadora y misionera".[53] Aunque las palabras "discípulos misioneros" y "sinodalidad" son relativamente nuevas en nuestro léxico pastoral, su significado se ha vivido en los procesos de los Encuentros y ha forjado una visión

49. USCCB, *Catecismo de la Iglesia Católica*, Segunda edición, (Washington, DC: Libreria Editrice Vaticana–USCCB, 2001), n. 1938, citando el Concilio Vaticano II, *Gaudium et Spes*, n. 29

50. Papa San Juan Pablo II, *Ecclesia in America*, n. 33.

51. Las seis familias culturales que participaron en el proceso de Caminando Juntos son: afroamericanos, asiáticos/isleños del Pacífico, americanos europeos, hispanos/latinoamericanos, nativos americanos y los migrantes, refugiados y viajeros. Ver Comité de la Diversidad Cultural en la Iglesia de la USCCB, *Journeying Together: Intracultural and Intercultural Proceedings Report* [Caminando Juntos: Informe de Procesos Intraculturales e Interculturales], abril de 2022, parte 3, *www.usccb.org/resources/Journeying%20Together%20Proceedings%20Report%20May%209%202022_0.pdf*.

52. Ver Comité de la Diversidad Cultural en la Iglesia de la USCCB, *Desarrollando la capacidad intercultural de los ministros: Módulos para el taller de formadores* (Washington DC: USCCB, 2014), *https://www.usccb.org/es/node/25714/intercultural-competencies*. Ver también el sitio web del Comité *ad hoc* contra el racismo de la USCCB en *www.usccb.org/racism*.

53. USCCB, *Plan Pastoral Nacional* (1987), n. 17.

pastoral común para el ministerio entre millones de hispanos/latinos católicos que consideran a los Estados Unidos su hogar.

La imagen guía que define el concepto de sinodalidad contempla a la Iglesia caminando juntos.[54] En una Iglesia sinodal, los discípulos misioneros—llamados, dotados y ordenados en sus diversos carismas y unidos por el Espíritu —se acompañan unos a otros en el camino. Este caminar implica reunirse como pueblo y luego salir como discípulos misioneros, enviados en misión guiados por el Espíritu Santo— la Iglesia en marcha, o en salida.[55]

Los Encuentros de la pastoral hispana/latina han encarnado el camino sinodal guiado por el Espíritu Santo. Cada uno ha sido un proceso profundamente eclesial de escucha, consulta, diálogo, conversión y discernimiento pastoral, con una espiritualidad de misión llegando a todos los niveles. El modelo de los Encuentros para el ministerio y la misión ha fortalecido el sentido de pertenencia y corresponsabilidad de los católicos hispanos/latinos en la vida y misión de la Iglesia. El modelo es en sí mismo también formativo, forjando un liderazgo nuevo, capaz y comprometido entre las mismas personas consultadas. Además, el modelo de los Encuentros constituye una metodología eficaz de planificación estratégica, siguiendo el método del círculo pastoral de Ver-Juzgar-Actuar[56]—que genera respuestas pastorales creativas a partir de un auténtico análisis y evaluación de los desafíos pastorales. Un elemento clave de esta metodología es "planear *con* la gente, no *para* la gente", porque la forma en que hacemos las cosas es tan importante como lo que hacemos.[57]

Otro aspecto fundamental de la sinodalidad ha sido expresado en la pastoral hispana/latina como la *pastoral de conjunto*,[58] que se podría expresar como la colaboración corresponsable y la coordinación al

trabajar juntos hacia una meta común. Es en este contexto que creemos que responder a la presencia hispana/latina es responsabilidad de toda la Iglesia—y al mismo tiempo, la comunidad hispana/latina tiene la responsabilidad de asumir su rol en la vida y misión de toda la Iglesia. Todos estamos llamados a ser protagonistas en la vida y la misión de la Iglesia en virtud de nuestro bautismo. Nuestro caminar juntos como obispos, sacerdotes, diáconos, religiosos y religiosas, y laicos y laicas, y el enriquecimiento mutuo entre grupos raciales, culturales y étnicos, fortalecen los lazos de nuestra comunión eclesial y nos transforman en el camino.

Hacemos eco del llamado del V Encuentro de alejarnos de la competencia, entre otros desafíos, y avanzar hacia una mayor colaboración entre oficinas diocesanas, ministerios, movimientos, organizaciones y todos los líderes pastorales (ya sean clérigos, religiosos o laicos; asalariados o voluntarios; hispanos/latinos o no hispanos/latinos).[59] En nuestra toma de decisiones, planeación y práctica pastoral, que estemos unidos en nuestra meta común: construir el Reino de Dios.[60]

En todo este caminar juntos en colaboración, las parroquias siguen siendo el centro de la acción pastoral, cuyo fin es propiciar la comunión y participación del pueblo hispano/latino en la Iglesia. Entender una parroquia como una comunidad de comunidades favorece esta comunión y participación, particularmente en las parroquias compartidas. El liderazgo del párroco y de la comunidad es de suma importancia para generar comunión entre los diversos miembros de la comunidad parroquial.[61] Esta comunión no está exenta de desafíos. El Papa Francisco recuerda a la Iglesia que, si bien las parroquias poseen una gran flexibilidad, muchas aún no se han convertido en "ámbitos de viva comunión y participación… [y tampoco] se orienten

---

54. Ver Sínodo de los Obispos, *Vademécum*, n. 1.2.

55. *Pueblo de Dios en Marcha* fue el tema del II Encuentro Nacional de Ministerio Hispano en 1977. Ver también Papa Francisco, *Evangelii Gaudium*, nn. 20–24.

56. El método Ver-Juzgar-Actuar fue desarrollado por el Cardenal Joseph Cardijn, fundador del movimiento Juventud Obrera Cristiana. También se conoce como método Cardijn.

57. Comité de la Diversidad Cultural en la Iglesia de la USCCB, *Desarrollando la capacidad intercultural*, 101, énfasis añadido.

58. El término *pastoral de conjunto* surgió del CELAM. El *Plan Pastoral Nacional* de 1987 utilizó la frase en inglés "communion in mission" [comunión en la misión] para expresar la pastoral de conjunto y definió el término como "la coordinación armoniosa de todos los elementos de la pastoral con las acciones de los agentes de pastoral y las estructuras con un fin común: el Reino de Dios. No es sólo una metodología sino la expresión de la esencia y misión de la Iglesia que es ser y crear comunión" (Apéndice D).

59. Ver Subcomité de Asuntos Hispanos de la USCCB, *Memorias y Conclusiones*, 62, 83, 126-128, 151-153.

60. Ver ibid., 62.

61. Ver Papa Francisco, *Evangelii Gaudium*, n. 28

completamente a la misión".[62] Bajo esta luz, vemos este llamado como una parte integral de nuestros continuos esfuerzos para lograr la conversión pastoral de nuestras comunidades parroquiales.[63]

Al mismo tiempo, reconocemos que la comunión, la participación y la misión de la Iglesia también se viven más allá de las estructuras parroquiales. Existen también en las escuelas, colegios, universidades y hospitales católicos; movimientos y apostolados eclesiales; capellanías, la cercanía y el cuidado pastoral a los de la periferia; y la defensa y los servicios directos prestados a los pobres y vulnerables por organizaciones como Caridades Católicas, la Sociedad de San Vicente de Paúl, conferencias católicas estatales, parroquias involucradas en la organización comunitaria financiada por la Campaña Católica para el Desarrollo Humano (CCHD), y los varios otros esfuerzos caritativos y de defensa que realiza la Iglesia. Afirmamos cada una de estas instituciones y organizaciones como fermento del Reino de Dios en el mundo. Las llamamos a una colaboración corresponsable y coordinación entre sí y con la Iglesia local y las invitamos a participar más plenamente junto con la comunidad hispana/latina, como se describe en este plan pastoral.

---

62. Ibid., n. 28.
63. Ver Congregación para el Clero, *Instrucción: Conversión Pastoral*, n. 29

Parte III

Consideraciones para diócesis, parroquias y regiones

Ofrecemos las siguientes consideraciones para la estructuración y el desarrollo continuo de la pastoral hispana/latina en las diócesis y parroquias. Estas consideraciones se basan en nuestras declaraciones anteriores de la USCCB y en las mejores prácticas identificadas a través del proceso del V Encuentro. Asimismo, describimos una estructura regional para la pastoral hispana/latina que acompañará la implementación de este plan durante los próximos diez años.

1) La pastoral hispana/latina a nivel diocesano

El ministerio pastoral a nivel diocesano juega un papel importante para lograr un mayor éxito del ministerio parroquial con la comunidad hispana/latina. Las oficinas diocesanas brindan planificación pastoral, coordinación, recursos y formación que las parroquias no podrían brindar por sí solas. Además, la diócesis debe abogar por la comunidad hispana/latina y evaluar

continuamente sus necesidades y aspiraciones a fin de encontrar los recursos necesarios para servirles mejor.

Existen varios modelos y estructuras para cumplir con estas funciones a nivel diocesano. El más común es una oficina diocesana dedicada a la pastoral hispana/latina. Un modelo alternativo coloca la coordinación de la pastoral hispana/latina bajo otro departamento, siendo las oficinas para la diversidad cultural y la evangelización las más comunes. Sin embargo, como señalamos en 2002 en *Encuentro y misión*, debemos ser prudentes.[64] Una oficina diocesana multicultural o de diversidad cultural no puede ser un modelo genérico que diluya el ministerio al esperar que una sola persona sea capaz de coordinar por sí sola un ministerio integral para múltiples comunidades culturales. Un tercer modelo distribuye al personal dedicado a servir a los hispanos/latinos entre varias oficinas diocesanas.

Cualquiera que sea el modelo que siga una diócesis, ésta debe evaluar periódicamente la eficacia de la estructura en función del crecimiento de la población y del desarrollo de la pastoral hispana/latina en toda la

---

64. Ver USCCB, *Encuentro y Misión*, n. 69.

diócesis.

Tres indicadores influyen en la efectividad del liderazgo diocesano en la pastoral hispana/latina:

1. Acceso directo al ordinario
2. Un presupuesto dedicado para llevar a cabo proyectos, iniciativas o programas en los que la pastoral hispana/latina sea el agente principal
3. La pastoral de conjunto (colaboración corresponsable y coordinación) entre el personal de varias oficinas diocesanas[65]

Cuando el personal diocesano dedicado a servir a los hispanos/latinos se encuentra disperso en varias oficinas y agencias católicas, la coordinación efectiva se vuelve cada vez más indispensable para evitar trabajar de forma aislada. Aquí profundizamos en las funciones y responsabilidades de las oficinas diocesanas con respecto al ministerio con hispanos/latinos. Las funciones evolucionarán a medida que crezca la población hispana/latina, cambie la demografía y madure el ministerio; sin embargo, éstas nunca dejarán de ser necesarias. Las cinco responsabilidades que consideramos necesarias para las oficinas diocesanas con respecto a la pastoral hispana/latina son las siguientes:

1. Evaluar continuamente la realidad pastoral.
2. Abogar a favor de y con la comunidad.
3. Coordinar los esfuerzos de los ministerios.
4. Desarrollar recursos y programación específicos.
5. Formar y capacitar líderes pastorales.

Una forma exitosa de cumplir con estas cinco funciones es realizando procesos periódicos de planificación pastoral para considerar la realidad local y los recursos disponibles, siguiendo las líneas de acción para la pastoral hispana/latina descritas en la segunda parte de este plan, especialmente el principio pastoral de planear *con* la gente, no *para* la gente. Luego, en un proceso de pastoral de conjunto, discernir los pasos que debe tomar la diócesis para mejorar y expandir continuamente la pastoral hispana/latina. De esta manera, la iglesia local tendrá una mejor oportunidad de generar respuestas pastorales efectivas y creativas para los desafíos que enfrentan nuestras hermanas y hermanos hispanos/latinos, así como de potenciar sus múltiples dones al servicio de toda la Iglesia.

Componentes y consideraciones para desarrollar un plan pastoral diocesano

A. Evaluar periódicamente la realidad pastoral de la comunidad hispana/latina.

Un paso inicial para obtener información importante sobre la planificación pastoral a nivel diocesano es identificar la etapa de desarrollo de la pastoral hispana/latina en que se encuentra (se describen con más detalle en el Apéndice A): crecimiento inicial, expansión orgánica, desarrollo estructural y responsabilidad diocesana compartida.[66] Estas cuatro etapas se basan en el desarrollo de la pastoral hispana/latina a nivel parroquial en toda la diócesis, combinado con la capacidad interna de la diócesis para apoyarla.

Analizar la realidad de la comunidad hispana/latina a intervalos regulares es crucial, dado los constantes cambios de la comunidad en la mayoría de los lugares del país. Este proceso incluye el estudio de la población, la demografía y la situación socioeconómica de los hispanos/latinos en toda la diócesis, así como la realización de consultas similares a las realizadas por el V Encuentro y el Sínodo 2021-2024: Por una Iglesia sinodal. Este proceso crea un espacio para que los miembros de la comunidad hispana/latina, incluyendo los que se encuentran en las periferias, expresen sus preocupaciones, esperanzas y sueños, y para que los líderes pastorales parroquiales y diocesanos escuchen con atención para comprender mejor los asuntos en cuestión.

---

65. Ver Comité de Asuntos Hispanos de la USCCB, *Study on Best Practices for Diocesan Ministry Among Hispanics/Latinos* [Estudio sobre las mejores prácticas para el ministerio diocesano entre hispanos/latinos] (Washington DC: USCCB, 2006).
66. Estas etapas fueron inicialmente identificadas y descritas brevemente en el estudio del Comité de Asuntos Hispanos de la USCCB de 2006 *Study on Best Practices for Diocesan Ministry Among Hispanics/Latinos* [Estudio sobre las mejores prácticas para el ministerio diocesano entre hispanos/latinos] (solamente disponible en inglés) con títulos distintos.

B. *Abogar a favor de y con la comunidad hispana/ latina por los recursos necesarios.*

El siguiente paso en la planificación pastoral es evaluar cómo se asignan actualmente los recursos en base al análisis de la realidad. Esta realidad incluye el número y ubicación de las parroquias con pastoral hispana/latina y debe dar prioridad al acceso a la liturgia dominical en español, en términos de distancia, horario y capacidad. Igualmente importante es la asignación de los recursos diocesanos, incluyendo los presupuestos, las asignaciones del clero, la estructura, el personal y la programación. Recomendamos encarecidamente que las plataformas de comunicación —como los sitios web, las declaraciones escritas y los recursos— se ofrezcan tanto en inglés como en español, asegurando que los materiales no solo se traduzcan, sino que también sean culturalmente apropiados y que los gráficos representen la diversidad de la comunidad local.

La comunidad hispana/latina con frecuencia no está suficientemente representada en los órganos consultivos dentro de las estructuras diocesanas y parroquiales. Muchas veces, los líderes pastorales desconocen o no están dispuestos a reconocer las necesidades de los hispanos/latinos dentro de sus límites geográficos.

Por lo tanto, abogar para garantizar que nuestros hermanos y hermanas hispanos/latinos tengan el mismo acceso a los recursos parroquiales y diocesanos es esencial, promoviendo a la vez las capacidades internas de la diócesis y las parroquias para brindar una pastoral integral. Nuestras comunidades necesitan formación sobre la misión social y los principios de la doctrina social de la Iglesia para generar cambios, de modo que los hispanos/latinos se conviertan en protagonistas de su propio desarrollo. A medida que se desarrolla la pastoral hispana/latina, recomendamos encarecidamente que la diócesis haga un esfuerzo intencional por preparar líderes hispanos/latinos, incluyendo jóvenes adultos y mujeres; contratarlos como personal; e incluir sus voces en los consejos y otros órganos consultivos.

La función de abogar también implica trabajar con el director de vocaciones, los seminarios locales y los programas de formación continua para garantizar que los sacerdotes, diáconos y seminaristas tengan las habilidades lingüísticas necesarias y la comprensión de la espiritualidad y la cultura hispana/latina. Abogar también puede incluir ayudar a reclutar, orientar y acompañar a sacerdotes y religiosos y religiosas internacionales para ayudar a las parroquias. Recomendamos encarecidamente que este acompañamiento incluya oportunidades para desarrollar la capacidad intercultural y el acceso a sistemas de apoyo para ayudar al clero y al personal a evitar el agotamiento.

C. *Coordinar y colaborar en los esfuerzos de la pastoral hispana/latina a nivel diocesano.*

El tercer paso en el proceso de planificación identifica las prioridades pastorales y las estrategias para abordar las necesidades insatisfechas, apoyar el desarrollo de la pastoral hispana/latina a nivel parroquial y diocesano, y proporcionar los recursos necesarios para implementarlas. Animamos a los líderes diocesanos a considerar las prioridades, los objetivos y los enfoques pastorales enumerados en la cuarta parte de este plan. La manera más efectiva de implementarlos requiere un espíritu de pastoral de conjunto en todas las oficinas diocesanas, en estrecha colaboración con las parroquias, ministerios, movimientos, escuelas, universidades, hospitales y otras instituciones y organizaciones católicas que operan dentro de los límites diocesanos. Es necesario definir claramente las funciones y expectativas específicas de cada persona, oficina e institución, y desarrollar canales formales de comunicación para que esta colaboración sea más exitosa. De particular importancia es el ministerio del obispo diocesano quien, como sucesor de los apóstoles, tiene la responsabilidad principal de enseñar, santificar y gobernar a las personas encomendadas a su cuidado.

Un concepto erróneo común sostiene que, si la diócesis tiene una oficina de la pastoral hispana/ latina, entonces su director es responsable del cuidado pastoral en todas las áreas ministeriales para la población hispana/latina. Una oficina de la pastoral hispana/latina puede emprender algunos programas e iniciativas por su cuenta, especialmente durante las primeras etapas de desarrollo. Sin embargo, a medida que la pastoral con hispanos/latinos se vuelve más integral y la población crece, otras oficinas diocesanas deberán aumentar sus capacidades internas para realizar la pastoral con hispanos/latinos. La tarea de coordinación por parte del director/a de la pastoral hispana/latina se vuelve más crucial en esta etapa de desarrollo para lograr un mayor impacto.

D. Desarrollar recursos y programas específicos para la comunidad hispana/latina.

Aunque las parroquias son el principal entorno pastoral en el que los fieles participan en la vida y misión de la Iglesia, el ministerio parroquial se fortalece y tiene más éxito cuando cuenta con un fuerte apoyo a nivel diocesano. Una oficina diocesana exitosa es percibida como un recurso valioso por los párrocos y el personal parroquial. Puede dirigir a los líderes parroquiales hacia recursos confiables y brindar experiencia en áreas relacionadas con el ministerio con hispanos/latinos, incluyendo el desarrollo de recursos, iniciativas y proyectos que respondan a la realidad de la comunidad hispana/latina.

Como se describe en el Apéndice A, en las primeras etapas, muchas parroquias con pastoral hispana/latina y otras oficinas diocesanas tal vez aún no cuenten con suficiente personal con las habilidades lingüísticas e interculturales para trabajar con hispanos/latinos. Por lo tanto, los responsables directos de la pastoral hispana/latina en la diócesis se convierten en un recurso importante para ayudar a los párrocos a involucrar a sus feligreses de habla hispana en diversas áreas de ministerio y formación. Este apoyo evolucionará a medida que se desarrolle la pastoral y las parroquias aumenten sus capacidades internas. A medida que otras oficinas diocesanas aumentan sus propias capacidades internas, podrán asumir el papel de dirigir la programación específica para la comunidad hispana/latina.

E. Formar y capacitar líderes pastorales para la pastoral y la misión efectivas.

Reconocer, discernir, fomentar y formar los dones y talentos de la comunidad hispana/latina para el servicio en la Iglesia son tareas cruciales de las oficinas diocesanas. La formación pastoral continúa siendo una de las principales prioridades pastorales para la pastoral entre los hispanos/latinos. Las parroquias rara vez cuentan con el personal, la experiencia, las finanzas y el espacio necesarios para brindar una formación integral a nivel local sin un apoyo significativo de la diócesis. Para satisfacer esta necesidad, muchas diócesis ofrecen programas de formación en español para catequistas, otros líderes y ministros eclesiales laicos, así como programas de certificación y formación diaconal. Aclamamos esta práctica exitosa y la creciente colaboración entre parroquias, diócesis, universidades e institutos pastorales para brindar estos programas de formación y educación continua. Hacemos un llamado para que más diócesis hagan de la formación pastoral para el ministerio una prioridad.

Los siguientes componentes han sido identificados como claves para el éxito de los programas de formación:

- Fidelidad al mensaje de Jesucristo, profundamente arraigado en la Sagrada Escritura y en nuestro llamado bautismal, incluyendo los principios de misión y evangelización
- Base sólida en el *Catecismo de la Iglesia Católica*
- Comprensión y apreciación de los sacramentos
- Formación integral, flexible, accesible, de alta calidad, que aborde a la persona en su totalidad —emociones, imaginación, voluntad, corazón y mente— y abarque las cuatro áreas de formación para el ministerio eclesial: humana (o personal), espiritual, intelectual y pastoral[67]
- Formación que aborde las dimensiones del

---

67. Ver USCCB, *Colaboradores en la viña del Señor: Un recurso para guiar el desarrollo del ministerio eclesial laico* (Washington DC: USCCB, 2006), 30.

ser (identidad), el saber y el saber hacer[68]

- Contenido que corresponda a la realidad vivida de los participantes, incluyendo su idioma preferido y contexto cultural, respetando y valorando las expresiones culturales y religiosas de la comunidad
- Valorar y apoyar las prácticas devocionales católicas populares
- Enfoque sinodal para cumplir la misión evangelizadora de la Iglesia, basado en experiencias de encuentro, escucha y discernimiento sobre los pasos a seguir a nivel local
- Sentido de unidad, comunidad, orientación por mentores y acompañamiento mutuo
- Formación que abarque las diversas áreas ministeriales dentro de la vida de la Iglesia
- Formación en un estilo de vida de corresponsabilidad y en el discernimiento de dones y carismas únicos para el servicio en la Iglesia y la sociedad
- Sentido de profundo respeto por la dignidad de cada persona y un compromiso activo con la doctrina social de la Iglesia que inspire y prepare a los participantes para la acción social en favor del bien común
- Enfoque en las habilidades interculturales necesarias para trabajar en la comunidad eclesial más amplia, la pastoral de conjunto (colaboración corresponsable y coordinación), y el proceso de integración e inclusión eclesial
- Variedad de técnicas de instrucción, incluyendo el aprendizaje vivencial y el uso eficaz de la tecnología
- Inversión particular en los jóvenes y las mujeres
- Fuertes lazos entre los que están en formación y sus párrocos y parroquias, construidos a través de un proceso de discernimiento, llamado, envío, acompañamiento y apoyo

Como un componente relacionado y complementario, los programas exitosos brindan formación a todos los líderes pastorales en todos los niveles de la iglesia local sobre cómo colaborar eficazmente y ejercer el ministerio con nuestros hermanos y hermanas hispanos/latinos.

Sentimos una inmensa gratitud por los miles de líderes pastorales hispanos/latinos y por los líderes de otros grupos raciales, étnicos y culturales que han respondido al llamado de servir a nuestros hermanos y hermanas hispanos/latinos. Su apertura al ministerio y su inversión en adquirir habilidades lingüísticas y capacidad intercultural los ha preparado para un ministerio fructífero. Innumerables familias hispanas/latinas se han beneficiado del don de su ministerio.

Sin embargo, el V Encuentro enfatizó la importancia de que más seminaristas, sacerdotes, diáconos, religiosos, religiosas y ministros eclesiales laicos desarrollen la capacidad intercultural. Una comprensión más profunda del proceso de integración e inclusión eclesial también les ayudará a llevar a cabo su ministerio con el pueblo hispano/latino de una manera más fructífera y gratificante.

F. *Prestar atención a las vocaciones al sacerdocio y a la vida consagrada, y acoger a los que vienen de otros países.*

La Iglesia en los Estados Unidos tiene una necesidad cada vez mayor de involucrar e inspirar de manera efectiva a los hispanos/latinos, tanto los inmigrantes como los nacidos en los Estados Unidos, para que se conviertan en sacerdotes, diáconos, religiosos y religiosas. Aumentar la capacidad de la Iglesia para crear una cultura de vocaciones con las familias hispanas/latinas es primordial para lograr este objetivo. Además, necesitamos crear una cultura de acogida y pertenencia en nuestros seminarios y casas de formación religiosa si queremos acompañar a los hispanos/latinos que están discerniendo y preparándose para una vocación sacerdotal o religiosa a fin de que puedan prosperar y alcanzar la ordenación o hacer sus votos perpetuos.

Actualmente, numerosas diócesis cuentan con sacerdotes, religiosos y religiosas de otros países

---

68. Ver Pontificio Consejo para la Promoción de la Nueva Evangelización (PCPNE), *Directorio para la catequesis* (Washington DC: USCCB, 2020), nn. 136–150.

que vienen para ejercer su ministerio en la Iglesia de los Estados Unidos. Para asegurar el éxito de su ministerio, recomendamos encarecidamente que las diócesis presten atención a la formación intercultural y al proceso de integración en la nueva cultura y realidad eclesial de estos servidores.[69] Los párrocos que acogen a ministros de otros países juegan un papel importante para ayudarlos a integrarse.

2) La pastoral hispana/latina en parroquias y otros entornos pastorales locales

La parroquia típicamente constituye el principal punto de entrada a la vida y misión de la Iglesia católica para individuos, familias y sus comunidades raciales, étnicas, y culturales. La parroquia es una comunidad de comunidades a través de la cual el Pueblo de Dios construye la comunidad de discípulos, se reúne para escuchar la Palabra de Dios, se nutre de la Eucaristía y es enviado a ser presencia de Dios en el mundo. Por medio de los ministerios parroquiales, el cuidado pastoral y la cercanía pastoral—así como de pequeñas comunidades y movimientos eclesiales y muchas otras instituciones, organizaciones y apostolados católicos a nivel local—la Iglesia "camina en *comunión* para perseguir una *misión* común, a través de la *participación* de todos y cada uno de sus miembros".[70]

Invitamos a los líderes en todos los entornos pastorales, particularmente a los párrocos y a quienes sirven con ellos en las parroquias, a tener un cuenta las líneas de acción, prioridades y estrategias pastorales presentadas en este plan. Tal consideración ayudará a las parroquias a pasar de un modelo de mantenimiento a un modelo de misión.

En los Estados Unidos, la parroquia ha tenido una importancia singular al proporcionar a los católicos un lugar donde vivir su fe católica. Particularmente para las comunidades de inmigrantes, la parroquia no es solo un lugar de culto, sino también un centro muy necesario para su vida cultural y social. La parroquia les brinda una sensación de seguridad y confianza que a menudo falta en sus lugares de trabajo, escuelas y barrios. De hecho, experimentar esta seguridad y confianza dentro de su comunidad de fe los ayuda a relacionarse mejor con otras instituciones en los Estados Unidos. Aunque hemos utilizado modelos parroquiales tales como la parroquia nacional y otras parroquias personales para abordar los desafíos y las oportunidades particulares en diferentes momentos de nuestra historia, el modelo parroquial más común y eficaz en este momento es la parroquia territorial que es compartida por más de una comunidad cultural o grupo étnico.[71]

El término "parroquias compartidas" se acuñó para describir comunidades eclesiales en las que dos o más idiomas o grupos culturales forman parte integral de la vida ministerial y la misión de una parroquia en particular, cada uno según su propio contexto lingüístico y cultural.[72] A medida que las fusiones parroquiales u otras formas de renovación de estructuras parroquiales se vuelvan más comunes, sin duda tendrán un impacto en la pastoral hispana/latina. Somos conscientes de que establecer y pastorear una parroquia compartida o fusionada puede presentar desafíos importantes para los líderes pastorales, pero también hemos descubierto que las parroquias compartidas pueden fomentar un diálogo profundo sobre la vida y la fe entre las culturas. Es en las parroquias compartidas donde tenemos oportunidades "de dar culto y orar juntos, de aprender unos de otros, de apoyarnos unos a otros, de perdonarse mutuamente y reconciliarse, de reconocer nuestras historias particulares y de descubrir modos en que podemos ser una parroquia católica, viviendo de diversas culturas y etnias".[73]

Recomendamos encarecidamente a los párrocos

69. Ver Comités de Clero, Vida Consagrada y Vocaciones; Diversidad Cultural en la Iglesia; Protección de Niños y Jóvenes; y Asuntos Canónicos y Gobierno de la Iglesia de la USCCB, *Guidelines for Receiving Pastoral Ministers in the United States* [Orientaciones para recibir ministros pastorales en los Estados Unidos], 3ra ed. (Washington DC: USCCB, 2014), especialmente la parte 2 sobre recepción y orientación, *https://www.usccb.org/sites/default/files/flipbooks/cclv-guidelines/cclv-guidelines/assets/basic-html/page-1.html#*. Ver también la serie de videos suplementarios del Secretariado de Clero, Vida Consagrada y Vocaciones de la USCCB, "Workshop Videos" [Videos de talleres], consultada el 18 de enero de 2023, *www.usccb.org/committees/clergy-consecrated-life- vocations/usccb-guidelines-receiving-pastoral-ministers-us*.

70. Sínodo de Obispos, *Vademécum*, n. 1.3, énfasis añadido.

71. Ver Comité de la Diversidad Cultural en la Iglesia de la USCCB, *Mejores prácticas en parroquias compartidas*, 65-66.

72. Ver ibid., 1.

73. Comité de la Diversidad Cultural en la Iglesia de la USCCB, *Mejores prácticas en parroquias compartidas*, 10.

que tengan en cuenta que su parroquia territorial tiene encomendada la misión de proclamar la Buena Nueva y de brindar acompañamiento pastoral a todas las personas dentro de sus límites,[74] independientemente de su raza, cultura, etnia, idioma o estatus migratorio. Al mismo tiempo, entendemos que los católicos en algunos lugares se afilian a otras comunidades, además de su parroquia territorial, por razones de idioma, espiritualidad o relaciones comunitarias. Sin embargo, esto no impide que los párrocos cumplan con su responsabilidad de brindar atención pastoral y acompañamiento a todas las personas en su territorio. Los párrocos también juegan un papel crucial en el fomento de la unidad y la pastoral de conjunto en las parroquias compartidas.

Es prudente examinar las diversas formas en que las diócesis están agrupando las parroquias debido a los cambios de población y la disponibilidad limitada de sacerdotes para dirigirlas. Algunas diócesis se refieren a este agrupamiento como una "familia de parroquias", mientras que otras usan una terminología diferente. Teniendo en cuenta la presencia hispana/latina en las parroquias involucradas en este proceso, la diócesis debe asegurarse de que no pierdan el acceso a la celebración de la Eucaristía y otros aspectos de la vida parroquial. Por el contrario, recomendamos encarecidamente que dicho acceso aumente, para que se sientan bienvenidos y se involucren plenamente en la vida parroquial.

Dado el continuo crecimiento de la población hispana/latina en todo el país, el establecimiento de la pastoral hispana/latina en más parroquias y otros entornos pastorales constituye una máxima prioridad. Como obispos, creemos que cada parroquia con un número significativo de hispanos/latinos viviendo dentro de sus límites geográficos necesita establecer ministerios para ellos en todas las dimensiones de la vida cristiana, comenzando con la liturgia, la formación en la fe y la recepción de los sacramentos. Recomendamos encarecidamente que otros ministerios presten especial atención a los jóvenes, las familias y aquellos que se encuentran en la periferia.

Por su propia naturaleza, las parroquias están llamadas a ayudar a todos los bautizados a ser discípulos misioneros y protagonistas activos en la vida y misión de la Iglesia. Los siguientes enfoques pastorales fueron identificados durante el proceso del V Encuentro como acciones clave para llevar a cabo esa misión y lograr un mayor grado de conversión pastoral:

* Brindar oportunidades para tener un encuentro con Cristo vivo y ser transformados por su gracia en el contexto lingüístico y cultural propio de las personas, particularmente a través de la Eucaristía y los demás sacramentos, apoyados por devociones populares y prácticas religiosas, incluyendo salir al encuentro de aquellos en las periferias, tanto en persona como en el "continente digital".[75]

* Reconocer los impedimentos comunes para la participación en la Eucaristía de los miembros de la comunidad hispana/latina, acompañar con sensibilidad pastoral a las personas y ofrecer caminos para regresar a la Mesa del Señor y la vida sacramental plena.

* Apoyar a la iglesia doméstica, pequeñas comunidades eclesiales y movimientos que juegan un papel decisivo en la evangelización y la misión. Colaborar, coordinar y realizar proyectos conjuntos entre diócesis, parroquias, escuelas, movimientos eclesiales y otras instituciones, organizaciones y apostolados católicos que operan en el área.

* Cultivar las habilidades necesarias para discernir y reconocer los dones y ofrecer formación en la corresponsabilidad fiel, inspirando y equipando a los fieles para que sean buenos administradores de los dones que Dios les ha dado al servicio de la Iglesia y de la sociedad.

* Facilitar la participación de todos los líderes

---

74. *Código de Derecho Canónico*, cc. 518, 528-529, *https://www.vatican.va/archive/cod-iuris-canonici/cic_index_sp.html*.
75. El Papa Benedicto XVI utilizó el término académico "continente digital" para referirse a los espacios de redes en línea, como las redes sociales y las comunicaciones en línea.

pastorales, asalariados y voluntarios, en programas de formación integral para fortalecer los ministerios en los que sirven. Aumentar la capacidad intercultural y las oportunidades de mentoría de todos los fieles para responder al llamado a ser discípulos misioneros.

• Promover la integración e inclusión eclesial identificando lo que se necesita para aumentar el nivel de bienvenida, pertenencia y corresponsabilidad entre todos los fieles, tal como se describe en *Mejores prácticas en parroquias compartidas.*[76]

Recomendamos que las parroquias y otros entornos pastorales locales lleven a cabo periódicamente procesos de planificación pastoral siguiendo el modelo del círculo pastoral de Ver-Discernir-Actuar (o Ver-Juzgar-Actuar), que se describe a continuación. Asimismo, recomendamos encarecidamente que la diócesis ofrezca un apoyo significativo en este proceso.

VER

El primer paso en la planificación pastoral a nivel local es analizar la realidad de la comunidad hispana/latina. Este paso comprende el estudio de información demográfica relevante, consulta con el Pueblo de Dios y evaluación del nivel actual de desarrollo de la pastoral hispana/latina.

Como describimos anteriormente en este plan con respecto al principio de integración e inclusión eclesial, el crecimiento de la pastoral hispana/latina en las parroquias y otros entornos pastorales locales suele ser orgánico. Sin embargo, sigue una progresión lógica que va desde la bienvenida a la pertenencia y que conduce finalmente a la corresponsabilidad de su vida y misión.[77] Al desarrollar planes para expandir y fortalecer su ministerio, los líderes pastorales deben considerar el

acompañamiento necesario según la etapa en que se encuentre dentro de este camino.

DISCERNIR

El siguiente paso en la planificación pastoral es mirar la realidad desde la perspectiva del Evangelio, nuestra tradición católica, las declaraciones pastorales de la USCCB y otros documentos de la Iglesia para poder evaluar las prácticas pastorales actuales, discernir mejores formas de responder a esa realidad e identificar o desarrollar los recursos necesarios. Todo discernimiento debe darse en un contexto de oración con la invocación explícita del Espíritu Santo. Sugerimos utilizar el objetivo general de este plan pastoral y las líneas de acción pastoral mencionadas en la Parte II como punto de partida. Utilizar el documento de las *Memorias y conclusiones del V Encuentro* permite una consideración más amplia de las prioridades, así como de las mejores prácticas y los recursos proporcionados para las veintiocho Áreas Ministeriales.[78] Los planes y orientaciones pastorales diocesanos deben seguirse y aplicarse también a la comunidad hispana/latina local. Los que participan en el proceso de discernimiento deben preguntarse: ¿Qué nos pide Dios que decidamos a la luz de la misión de la Iglesia y de las realidades actuales locales?

ACTUAR

A la luz de la realidad pastoral y de las prioridades discernidas, el tercer paso es identificar objetivos y enfoques pastorales que puedan ayudar a la comunidad de fe a crecer y realizar su misión en el mundo. Recomendamos encarecidamente que estos se lleven a cabo a través de la pastoral de conjunto —colaboración corresponsable y coordinación— entre parroquias, diócesis, escuelas, ministerios,

76. Ver Comité de la Diversidad Cultural en la Iglesia de la USCCB, *Mejores prácticas en parroquias compartidas.*

77. Ver ibid., 77-90.

78. Ver Subcomité de Asuntos Hispanos de la USCCB, *Memorias y Conclusiones*, 75-156. Ver también los materiales de desarrollo de liderazgo pastoral profesional que cubren las 28 Áreas Ministeriales del V Encuentro, "Serie Ministerial del V Encuentro", consultado el 18 de enero de 2023, *ms.vencuentro.org.*

organizaciones católicas, movimientos eclesiales y todos los líderes pastorales: ya sean clérigos, religiosos o laicos; asalariados o voluntarios; hispanos/latinos o no hispanos/latinos. Conviene detallar los objetivos, las actividades, los agentes responsables, los colaboradores y los criterios de evaluación en intervalos programados.

3) Dimensión y estructura regional para la pastoral hispana/latina

Las estructuras regionales han constituido parte importante del desarrollo de la pastoral hispana/latina durante varias décadas. El desarrollo e implementación del proceso del V Encuentro contó con los equipos regionales, que fueron creados para acompañar el proceso en las catorce regiones episcopales territoriales. Estos equipos, conocidos como Equipos Regionales de Acompañamiento al V Encuentro (o ERAVE), fueron creados para fortalecer el nivel de coordinación y compromiso de las diócesis dentro de una región en particular. También fueron responsables de brindar capacitación y formación a las diócesis en el proceso del V Encuentro y de organizar e implementar los Encuentros Regionales. Se realizaron Encuentros Regionales en las catorce regiones episcopales con la participación de 131 obispos y miles de delegados que representaron prácticamente a todas las diócesis del país. Los equipos regionales también fueron responsables de coordinar los talleres y las estrategias de acompañamiento durante el seguimiento del proceso del V Encuentro.

Además, los equipos regionales demostraron ser un gran recurso durante los años difíciles de la pandemia del COVID-19 y sus secuelas, brindando acompañamiento y apoyo dentro de sus regiones a la vez participando en consultas pastorales y discernimiento con el personal de la USCCB y nuestro Subcomité de Asuntos Hispanos.

Debido a la excelente labor realizada por ERAVE, y después de extensas consultas con los coordinadores regionales y los obispos acompañantes, el Subcomité de Asuntos Hispanos decidió mantener ERAVE durante

el desarrollo y el lanzamiento de este *Plan Pastoral Nacional*. Estos equipos regionales serán los primeros responsables de coordinar e implementar talleres en sus regiones para ayudar a las diócesis a desarrollar o actualizar sus planes. Los equipos trabajarán junto con instituciones y organizaciones regionales existentes para la pastoral hispana/latina.

Cada uno de los catorce equipos regionales episcopales también mantendrá un obispo acompañante que convoque y acompañe al equipo, asegurando así el apoyo de una institución ancla que provea ciertos servicios al trabajo del equipo. Los coordinadores de los equipos regionales serán convocados por el Subcomité de Asuntos Hispanos para discernir, coordinar e implementar eventos y recursos diseñados para ayudar a las diócesis en el desarrollo e implementación de sus propios planes pastorales para la pastoral hispana/latina.

Durante 2024, se realizará un proceso de discernimiento con los equipos regionales para definir cómo continuarán su labor y cuál será su papel durante el plazo del plan de diez años. La estructura regional para la pastoral hispana/latina demostró ser un gran recurso durante el proceso del V Encuentro y el desarrollo de este plan. Recomendamos encarecidamente que continúen con su trabajo de coordinación, colaboración, capacitación e implementación, labor que es muy necesaria en este momento.

Se debe tener en cuenta que la membresía de cada equipo regional episcopal requiere una representación de las diócesis de la región y la inclusión de tantos ministerios diversos como sea posible, particularmente líderes diocesanos y personal que trabaja con el ministerio con adolescentes y de jóvenes adultos, evangelización, catequesis, pastoral familiar, discernimiento vocacional, y justicia social y defensa. Los equipos regionales también trabajarán en pastoral de conjunto con las estructuras regionales de la pastoral hispana/latina ya establecidas y con las organizaciones católicas de membresía involucradas en la implementación de este plan.

La Parte IV describe las diez prioridades pastorales para la pastoral hispana/latina en los Estados Unidos para los próximos diez años.

Parte IV
Prioridades pastorales

La misión de la Iglesia es anunciar el Evangelio, llevar a las personas a Jesucristo y construir el Reino de Dios. Todos los bautizados tienen la responsabilidad de unirse a esta misión de la Iglesia como discípulos misioneros. Animamos encarecidamente a las parroquias y otros entornos pastorales locales a priorizar la inspiración, preparación y empoderamiento de sus miembros para que cumplan esta misión de manera eficaz.

En respuesta a lo que escuchamos del Pueblo de Dios durante el proceso del V Encuentro, para continuar fortaleciendo la respuesta de la Iglesia a la presencia hispana/latina, y para valorar y fomentar las contribuciones de los hispanos/latinos católicos, invitamos a la Iglesia a enfocarse en las siguientes prioridades pastorales:

1. Evangelización y misión
2. Formación en la fe y catequesis
3. Acompañamiento pastoral de familias hispanas/latinas
4. Ministerios con adolescentes y de jóvenes adultos (*Pastoral Juvenil Hispana*)
5. Inmigración y abogacía
6. Formación para el ministerio en una Iglesia culturalmente diversa
7. Atención pastoral a los que se encuentran en la periferia
8. Liturgia y espiritualidad
9. Promoción de vocaciones
10. Educación católica

También recomendamos encarecidamente que se consideren los planes o marcos pastorales existentes de la USCCB para cada una de estas prioridades al elaborar respuestas específicas a nivel local, regional y nacional.

1) Evangelización y misión

Hemos llegado a millones de familias hispanas/latinas durante los últimos cincuenta años a través de nuestro compromiso de ser una Iglesia más evangelizadora y misionera. Salir a su encuentro con un mensaje de bienvenida ha fortalecido su identidad católica. Es importante continuar con esa acción evangelizadora y misionera para lograr que nuestros hermanos y hermanas hispanos/latinos se sientan como en casa en la Iglesia y se conviertan en discípulos misioneros para todos los pueblos. Cuanto más efectivos sean nuestros esfuerzos, menor será la vulnerabilidad de la comunidad hispana/latina a las actividades de proselitismo de los cristianos evangélicos y de otros grupos religiosos. De igual importancia es llegar a aquellos que ya no se identifican con ninguna denominación o tradición religiosa en particular, los desafiliados o no afiliados (a menudo llamados "nones" en inglés).

Objetivo: Desarrollar o potenciar prácticas pastorales que den prioridad al encuentro con las personas en las periferias con un mensaje de acogida y esperanza.

Enfoques pastorales
- Evaluando la visión, los objetivos y las actividades de los programas y prácticas pastorales existentes para determinar su nivel de compromiso con el discipulado misionero
- Discerniendo objetivos y actividades que fortalezcan la actividad misionera y evangelizadora de la Iglesia, con énfasis en llegar a las personas en las periferias
- Formando discípulos misioneros a través de la colaboración entre clérigos, líderes laicos y líderes de los movimientos eclesiales
- Infundiendo una perspectiva misionera en las celebraciones litúrgicas y culturales de la parroquia y en cada entorno catequético
- Aprovechando las redes sociales para mejorar la comunicación en la labor de evangelización
- Utilizando el recurso de la USCCB titulado *Creando una cultura de encuentro: Una Guía para alegres discípulos misioneros* para formar líderes y equipos misioneros parroquiales, promover el diálogo y participar en la actividad misionera para llegar a las periferias utilizando procesos basados en un enfoque sinodal de la vida y el ministerio eclesial[79]

2) Formación en la fe y catequesis

Los pueblos de ascendencia hispana/latina que han vivido en los Estados Unidos por generaciones, así como los originarios de muchas naciones de América Latina y el Caribe, tienen una larga historia de transmitir la fe católica a las generaciones posteriores, así como la integración de los valores del evangelio y las devociones católicas en su vida cultural y espiritual.[80] Sin embargo, la vida contemporánea en los Estados Unidos presenta un entorno desafiante para que las familias de hoy y sus hijos puedan recibir y transmitir la fe de manera efectiva. Los padres tienen un papel muy importante en la formación en la fe de sus hijos, pero no siempre están preparados para asumir y cumplir esa responsabilidad. Hemos observado una clara disminución en la participación religiosa de los hispanos/latinos entre la generación inmigrante y las generaciones posteriores, lo que indica la necesidad de ayudar a los padres a navegar esta transición cultural y lingüística. Se necesitan nuevos modelos y materiales de formación en la fe que respondan a la realidad actual, diversa y generacional de las personas y familias hispanas/latinas, acogiéndolas y preparándolas para compartir sus dones en la Iglesia y en la sociedad.

Objetivo: Apoyar el proceso de aprendizaje de por vida y de conversión continua.

Enfoques pastorales
- Brindando oportunidades para aprender sobre la fe católica en todas las edades y etapas de la vida, de manera arraigada en el encuentro personal con Jesucristo y la Palabra de Dios, de acuerdo con los idiomas y las necesidades culturales de los que aprenden
- Fomentando la identidad de todos los bautizados como discípulos misioneros, formándolos a través de encuentros con la Palabra viva de Dios en la Escritura, el *Catecismo de la Iglesia Católica*, los

---

79. Ver Subcomité de Asuntos Hispanos de la USCCB, *Creando una Cultura de Encuentro: Una Guía para Alegres Discípulos Misioneros* (Washington DC: USCCB, 2019), *https://vencuentro.org/es/creating-a-culture-of-encounter/*
80. Ver USCCB, *Encuentro y Misión*, n. 4.

sacramentos y las acciones que dan vida a una Iglesia que sale en misión

- Consultando y visitando a individuos y familias para conocer los obstáculos que encuentran más desafiantes en la comunidad local, incluyendo a personas con discapacidades, la comunidad Sorda y otras personas en la periferia; identificando las necesidades de instrucción adaptativa, para adaptarse a las diferencias de aprendizaje o destreza, o las necesidades para llegar a entornos especializados, como residencias asistenciales, centros comunitarios o centros de detención
- Incorporando el valor de cada vocación, incluyendo el matrimonio, el sacerdocio, la vida consagrada, el diaconado permanente, además de la hermosa visión católica del matrimonio, la sexualidad humana, la castidad y el llamado universal a la santidad, de formas apropiadas a la edad para la formación en la fe en todos los niveles
- Integrando la visión, los principios y los valores de la doctrina social de la Iglesia y la vida moral personal, así como las experiencias de su aplicación a los asuntos sociales más apremiantes de las comunidades hispanas/latinas, en programas de formación en la fe para católicos de todas las edades[81]
- Incluyendo oportunidades para reflexionar sobre las opciones morales de la vida diaria y aplicando lo aprendido para lograr una conversión continua, reforzada a través de experiencias del amor redentor, la misericordia y el perdón de Dios, especialmente en el Sacramento de la Penitencia y la Reconciliación[82]
- Colaborando con padres de familia, familia extendida, padrinos y líderes pastorales
- Colaborando, coordinando y realizando

proyectos conjuntos entre diócesis, parroquias, escuelas, movimientos eclesiales y otras instituciones, organizaciones y apostolados católicos que operan en el área

---

Objetivo: Proporcionar preparación sacramental y catequesis mistagógica acorde a la realidad concreta del pueblo.[83]

Enfoques pastorales

- Brindando oportunidades para aprender sobre los sacramentos como verdaderos encuentros con el Señor Jesús resucitado
- Brindando una catequesis litúrgica integral en apoyo a la preparación sacramental que también resalte la sacramentalidad de la vida diaria, se base en las tradiciones y devociones vivas de la comunidad local, incluya un período de mistagogía y conecte a las personas con el aprendizaje de por vida
- Facilitando la formación integral y la mentoría para quienes ofrecen la catequesis para todas las etapas de la vida, enfatizando el manejo de la Biblia, la formación de por vida, las técnicas de instrucción, un enfoque vivencial dinámico, el aprendizaje a través de la experiencia, el uso efectivo de la tecnología y las habilidades interculturales
- Reclutando y formando más catequistas bilingües, con un acercamiento intencional a los jóvenes adultos que están llamados a enseñar en inglés, español o ambos

---

Objetivo: Ayudar a los padres hispanos/latinos y otros familiares a transmitir la fe a sus hijos.

Enfoques pastorales

- Implementando las recomendaciones del

---

81. Ver PCPNE, *Directorio para la catequesis*, nn. 74c, 389- 391.
82. Ver ibid., nn. 57–60.
83. Ver ibid., nn. 35, 61-65, 74, 98, 113b, 291.

V Encuentro en la catequesis para niños, con el fin de cerrar la brecha lingüística entre niños y adultos, al mismo tiempo que se forma y capacita a los padres de familia para ejercer su papel como catequistas primarios de sus hijos

- Formando y comisionando catequistas bilingües utilizando materiales de catequesis bilingües, incluso cuando la instrucción se imparta principalmente en inglés, y desarrollando actividades y programas catequéticos bilingües basados en la familia[84] para facilitar la participación de los padres inmigrantes y preparar a los niños a revisar los materiales en su idioma preferido, ya sea en sus hogares o con sus pares
- Dirigiendo los esfuerzos de formación en la fe para incluir a toda la familia, en inglés y en español según sea necesario, de modo que las familias puedan nutrir más eficazmente la fe de sus hijos
- Incorporando prácticas religiosas populares en el proceso de catequesis, haciendo conexiones entre esas prácticas y el contenido de la fe

3) Acompañamiento pastoral de familias hispanas/latinas

Los miembros de la comunidad hispana/latina aportan la riqueza de sus tradiciones de fe, una cosmovisión centrada en la familia y un profundo sentido de la presencia de Dios en su vida diaria. Este don no debe tomarse por garantizado, ya que la erosión de estos valores y tradiciones está socavando la cohesión y la unidad de las familias y su identidad católica. Muchas familias hispanas/latinas también se ven afectadas por las presiones económicas que amenazan

la estabilidad familiar. Las parejas y las familias necesitan el apoyo de la comunidad de fe local para prosperar y transmitir la fe a la siguiente generación.

Como afirmamos en *Llamados a la alegría del amor*, nuestro marco pastoral nacional para el ministerio de matrimonio y la vida familiar de 2022, "debemos 'despertar una creatividad misionera' para llegar a los corazones y sanar las heridas en todas las familias, católicas y no católicas, con una sensibilidad particular hacia las comunidades culturales y étnicas cada vez más diversas entre nosotros y hacia las familias más alejadas de la Iglesia".[85]

Objetivo: Fortalecer la formación matrimonial en la comunidad hispana/latina.

Enfoques pastorales

- Proporcionando a las parejas hispanas/latinas una preparación matrimonial próxima e inmediata que tenga en cuenta su realidad, responda a los desafíos sociales y culturales contemporáneos que enfrenta el matrimonio y que ofrezca las opciones correspondientes que les permitan vivir y celebrar su fe plenamente
- Ofreciendo una variedad de oportunidades de enriquecimiento matrimonial para parejas que puedan proporcionar conocimientos prácticos, herramientas y recursos para fortalecer su relación y renovar tanto su compromiso amoroso como su vida espiritual como pareja; y capacitando a parejas con experiencia para acompañar a parejas y familias más jóvenes
- Implementando una variedad de oportunidades de restauración matrimonial para ayudar a las parejas a superar serias dificultades matrimoniales y a construir un matrimonio sano

84. Ver Subcomité de Asuntos Hispanos de la USCCB, *Memorias y Conclusiones*, 77-78, 100-102.
85. USCCB, *Llamados a la Alegría del Amor: Marco Pastoral Nacional para el Ministerio de Matrimonio y Vida Familiar* (Washington DC: USCCB, 2022), 6, *https://www.usccb.org/topics/marriage-and-family-life-ministries/pastoral-framework-marriage-and-family-life-ministry*, citando al Papa Francisco, *Amoris Laetitia* (*Exhortación apostólica postsinodal sobre el amor en la familia*), 19 de marzo de 2016, n. 57, *https://www.vatican.va/content/francesco/es/apost _exhortations/documents/papa-francesco_esortazione-ap_20160319_amoris-laetitia.html*. Ver también Papa Francisco, *Amoris Laetitia*, nn. 36, 201, 230, 291; USCCB, *El Matrimonio: El Amor y la Vida en el Plan Divino*, enero de 2010, *https://www.usccb.org/resources/pastoral-letter-marriage-love-and-life-in-the-divine-plan-espanol.pdf*.

- Creando conciencia sobre la enseñanza de la Iglesia acerca del matrimonio y el vivir juntos antes del matrimonio, y acompañando a las parejas en situaciones irregulares, en particular a aquellas en proceso de convalidación de su matrimonio o de obtención de la declaración de nulidad
- Colaborando, coordinando y realizando proyectos conjuntos entre diócesis, parroquias, escuelas, movimientos eclesiales y otras instituciones, organizaciones y apostolados católicos que operan en el área
- Reclutando proveedores e instructores de planificación familiar natural de habla hispana para trabajar con parejas casadas
- Traduciendo y adaptando culturalmente el programa de *Third Option* [la Tercera Opción] y programas similares que ayudan a construir matrimonios saludables y brindan asistencia a los matrimonios en crisis

---

Objetivo: Formar y capacitar a los padres hispanos/latinos a ser líderes en la iglesia doméstica en medio de los desafíos del mundo contemporáneo y las complejidades de la vida familiar.

Enfoques pastorales

- Involucrando a los padres y abuelos en la formación en la fe y la catequesis de los niños, así como brindando oportunidades continuas para la catequesis de por vida y la conversión continua, enfatizando el uso de la Escritura y la oración en la vida familiar, incorporando las tradiciones religiosas hispanas/latinas y compartiendo su fe con los demás
- Aprovechando la preparación bautismal y otros momentos clave como oportunidades para fortalecer la comprensión del llamado bautismal y la responsabilidad de

las familias de ser comunidades de vida y amor[86]

- Creando una cultura de vocaciones en las familias hispanas/latinas, proporcionando información sobre cada vocación que sea lingüística y culturalmente relevante, así como herramientas para ayudar a los padres a fomentar el discernimiento vocacional en sus hijos
- Garantizando que los eventos o reuniones parroquiales sean aptos para las familias al involucrar a padres, niños y generaciones mayores en la planificación; o incluyendo actividades para niños y adolescentes cuando reunir a todas las edades no sea factible
- Organizando una variedad de pequeñas comunidades para familias, espacios donde puedan apoyarse mutuamente y animarse a salir al encuentro de otras familias, especialmente en las periferias
- Identificando y desarrollando materiales para niños de diferentes edades que apoyen la misión de los padres como ministros en su iglesia doméstica
- Ofreciendo herramientas psicológicas, espirituales y prácticas para acompañar a las familias en su iglesia doméstica

---

Objetivo: Acompañar pastoralmente a todas las familias, en particular a las que afrontan desafíos.

Enfoques pastorales

- Evaluando los ministerios actuales para parejas y familias con el fin de brindar un acompañamiento más completo, prestando especial atención a (1) aquellos que enfrentan desafíos (por ejemplo, inmigrantes, refugiados/solicitantes de asilo, trabajadores migrantes, militares y todos aquellos afectados por racismo y xenofobia, violencia, violencia doméstica, embarazos inesperados o difíciles,

---

86. Ver Papa San Juan Pablo II, *Familiaris Consortio* (*Exhortación apostólica sobre la misión de la familia cristiana en el mundo actual*), 22 de noviembre de 1981, n. 17, *https://www.vatican.va/content/john-paul-ii/es/apost_exhortations/documents/hf_jp-ii_exh_19811122_familiaris-consortio.html*.

situaciones de crianza desafiantes, trauma por participar en un aborto, enfermedades mentales y físicas, falta de atención médica, adicciones y pobreza) y (2) aquellos en situaciones únicas que no se sienten bienvenidos actualmente (por ejemplo, los afectados por la infertilidad, el divorcio, la detención, la deportación, las discapacidades, las enfermedades graves, la discordancia de género, la atracción por personas del mismo sexo, madres o padres solteros, o el aborto). Recomendamos encarecidamente que la Iglesia también abogue legislativamente por políticas públicas que ayuden a las familias a prosperar, como el permiso familiar pagado (*paid family leave*), los salarios justos y dignos, y la protección de los derechos de los trabajadores inmigrantes contra abusos como el robo de salarios, riesgos para la salud u otro tipo de maltrato en el lugar de trabajo

- Proporcionando formación a todos los líderes pastorales en el "arte del acompañamiento",[87] y capacitando a más líderes laicos para brindar este acompañamiento proveyendo también orientación sobre cuándo referir a alguien para recibir asistencia profesional
- Colaborando con los servicios comunitarios para brindar mejor asistencia práctica y sanación a las familias que enfrentan desafíos financieros, mentales o de salud física, incluyendo traumas, duelo, adicciones, cuidado de ancianos, conflictos y abuso

4) Ministerios con adolescentes y de jóvenes adultos (*Pastoral juvenil hispana*)

La juventud hispana/latina es un gran tesoro para la Iglesia, tanto como destinatarios como protagonistas del acompañamiento y la atención pastoral, y se encuentran en una posición única como gente puente entre culturas, idiomas, generaciones y experiencias eclesiales. Proporcionan el vínculo esencial entre la Iglesia de hoy y la Iglesia del mañana.[88] Nuestras comunidades de fe deben ser lugares privilegiados para acoger, involucrar, formar y acompañar a la juventud hispana/latina a través de una variedad de grupos, ministerios e iniciativas para adolescentes y jóvenes adultos (tanto en inglés como en español) que los capaciten para ser jóvenes discípulos misioneros en el contexto de sus comunidades culturalmente diversas. Esta prioridad requiere que toda la comunidad de la Iglesia valore, apoye y dedique una proporción significativa de su tiempo, capital humano y recursos financieros a la juventud de la Iglesia.

Objetivo: Llegar a la juventud hispana/latina, respondiendo a sus necesidades e inquietudes, acompañándolos en sus sueños y esperanzas, y formándolos como discípulos misioneros, protagonistas en la vida y misión de la Iglesia.

Enfoques pastorales
- Saliendo al encuentro de los adolescentes y jóvenes adultos que viven en las periferias de la Iglesia y la sociedad, incluyendo la participación en el continente digital, creando mensajes e invitaciones auténticos y relevantes, y ofreciéndoles espacios donde puedan participar, sentirse escuchados y desarrollar un sentido de pertenencia
- Ofreciendo ministerios integrales para fomentar el crecimiento personal y espiritual integral basados en la realidad vivida por las familias y la juventud,[89] en su contexto lingüístico y cultural, a través de una variedad de grupos de adolescentes y jóvenes adultos y otras oportunidades para tener un encuentro con Cristo,

---

87. Papa Francisco, *Evangelii Gaudium*, n. 169.
88. Ver ibid., n. 133
89. Ver Papa Francisco, *Christus Vivit*, nn. 74, 213.

construir comunidad, dar testimonio de su fe y participar en la vida y misión de la Iglesia

- Coordinando y implementando proyectos conjuntos entre parroquias, escuelas, colegios, universidades, ministerios universitarios, pequeñas comunidades eclesiales y movimientos eclesiales, los cuales juegan un papel crucial en la transmisión de la fe, la formación y el acompañamiento de los adolescentes y jóvenes adultos
- Incorporando la formación continua en la fe y la catequesis, tal como se describe en la prioridad pastoral anteriormente citada, haciendo hincapié en la catequesis mistagógica, una visión cristiana de la sexualidad humana, y viviendo la vocación bautismal en el mundo
- Fomentando enfoques basados en la familia y la comunidad que afirmen el valor de la comunidad y la familia extensa en la formación y acompañamiento de los adolescentes y jóvenes adultos
- Abogando por políticas públicas que satisfagan las necesidades de la juventud hispana/latina en áreas como el acceso a una educación de calidad, servicios de salud mental y una educación vocacional y universitaria asequible, así como un camino hacia la ciudadanía para los DREAMers
- Acompañando a quienes experimentan transiciones, ya sea entre etapas de la vida (por ejemplo, graduarse, comprometerse al matrimonio, convertirse en padres, ingresar a la formación religiosa), después de recibir un sacramento (por ejemplo, Confirmación, Matrimonio, Ordenación), o entre ámbitos pastorales (por ejemplo, ministerios con adolescentes, pastoral universitaria, ministerios de jóvenes adultos)
- Formando, capacitando y acompañando

a los adolescentes y jóvenes adultos para que asuman y vivan el Evangelio de la vida desde la concepción hasta la muerte natural
- Conectando a los adolescentes y jóvenes adultos con sus compañeros de edad en la diócesis, la región, la nación y el mundo, especialmente a través de la participación en las jornadas juveniles para cada nivel, teniendo en cuenta la diversidad cultural y lingüística de la juventud
- Acompañando a los jóvenes adultos que muestran potencial de liderazgo a la Jornada Mundial de la Juventud para fortalecer su fe en Cristo y su llamado como discípulos misioneros
- Ayudando a la juventud y a las familias a mejorar la educación pública local, alentando a los padres hispanos/latinos a que envíen a sus hijos a escuelas católicas (y brindando la ayuda financiera para hacerlo), aprovechando los recursos de las instituciones educativas católicas para trazar un camino hacia la educación superior, e involucrando a los jóvenes en la tutoría y en ser mentores de miembros más jóvenes de la comunidad hispana/latina[90]

Objetivo: Brindar formación espiritual y pastoral permanente a la juventud hispana/latina y a los asesores pastorales y ministros que los acompañan.

Enfoques pastorales
- Incorporando oportunidades en todos los ministerios para ayudar a los adolescentes y jóvenes adultos a desarrollar una vida de oración significativa, basándose en las prácticas espirituales tradicionales y las devociones populares de la comunidad, para fortalecer y guiar su discernimiento y testimonio de fe
- Incluyendo la formación pastoral integral en

90. Ver Subcomité de Asuntos Hispanos de la USCCB, *Memorias y Conclusiones*, 80, 109, 141-142.

todos los programas para los adolescentes y jóvenes adultos, de modo que, a medida que maduren, puedan asumir un papel más activo como protagonistas del ministerio

- Identificando adolescentes y jóvenes adultos con habilidades de liderazgo y más líderes parroquiales biculturales y bilingües, especialmente aquellos que puedan acompañar intencionalmente a los hispanos/latinos de segunda y tercera generación; y facilitando e invirtiendo en su participación en para programas ministeriales de formación pastoral

---

Objetivo: Crear interés en la juventud hispana/latina por un liderazgo responsable en la vida, misión y trabajo de la comunidad de fe católica.[91]

Enfoques pastorales

- Proporcionando a los adolescentes y jóvenes adultos oportunidades relevantes y transformadoras para utilizar sus dones en la comunidad católica, así como para vivir su fe como miembros activos de sus sociedades cívicas y constructores de una sociedad cimentada en los valores evangélicos de justicia, paz y amor fraterno
- Colaborando con directores vocacionales y ministros matrimoniales para apoyar el discernimiento vocacional de los adolescentes y jóvenes adultos, proporcionando dirección espiritual, apoyando su llamado a la santidad y animándolos a ser corresponsables con sus dones y talentos en la Iglesia, el trabajo y la sociedad[92]
- Potenciando el desarrollo creciente de los jóvenes como protagonistas de la vida y misión de la Iglesia,[93] lo que incluye la evangelización entre los compañeros de edad, bajo la guía y mentoría de adultos con experiencia
- Construyendo relaciones de acompañamiento espiritual con padres, abuelos, otros familiares, padrinos, párrocos, líderes pastorales laicos, religiosos consagrados y otros adultos de confianza
- Preparando e integrando a los jóvenes adultos para participar en los órganos consultivos y las organizaciones de liderazgo parroquial (por ejemplo, consejo parroquial, consejo de la pastoral hispana/latina o comité litúrgico)

5) Inmigración y abogacía

La inmigración sigue siendo un tema central en las familias hispanas/latinas. La dura realidad de la deportación, la separación familiar, la ansiedad por el futuro y el vivir en las sombras impacta a millones de hispanos/latinos en todo el país, alterando sus vidas.

Históricamente, la Iglesia ha sido la defensora más firme de los inmigrantes y ha abogado activamente por leyes y políticas justas y humanas. La voz profética de la Iglesia es más necesaria que nunca en un momento de creciente xenofobia, racismo y discriminación. El trabajo de los discípulos misioneros se necesita con urgencia en medio del trato inhumano e inmoral que reciben los solicitantes de asilo, las familias y los menores no acompañados, particularmente en la frontera sur de los Estados Unidos. El apoyo sostenido de la Iglesia a la reforma migratoria no es meramente un gesto humanitario o una lucha por lograr una justicia incumplida. Más bien, nuestro apoyo representa nuestros esfuerzos por acompañar a las comunidades que con demasiada frecuencia permanecen al margen y demuestra nuestra solidaridad con ellas. Comprometer nuestro tiempo y recursos para abordar las necesidades concretas de quienes viven en estas comunidades los acercará más al corazón de la Iglesia, haciendo así que nuestros esfuerzos pastorales sean más efectivos y convincentes.

---

91. Ver USCCB, *Renovemos la Visión: Fundamentos para el ministerio con jóvenes católicos* (Washington DC: USCCB, 1997), 11, *https://www.usccb.org/topics/youth-and-young-adult-ministries/renewing-vision.*
92. Ver Papa Francisco, *Christus Vivit*, nn. 248–277.
93. Ver ibid., nn. 174, 175-178, 203-207.

Objetivo: Proveer atención y acompañamiento pastoral, especialmente a las familias separadas por la deportación o la detención.

Enfoques pastorales

- Facilitando las visitas y la comunicación al conectar a las familias con organizaciones comunitarias y proveedores de servicios católicos, como Caridades Católicas, que ofrecen orientación legal en materia de inmigración o servicios sociales
- Estableciendo fondos para ayudar a los migrantes en su proceso legal orientado a obtener una visa con permiso de trabajo, asilo o residencia permanente
- Trabajando con conferencias episcopales en otros países y CELAM[94] para identificar formas de ofrecer asistencia legal a migrantes y refugiados en tránsito
- Involucrándonos aún más en abordar las causas fundamentales de la inmigración y las formas concretas en que nosotros, como comunidad cristiana, incluso a nivel internacional, podemos servir a estos países para mejorar la vida de sus residentes antes que recurran a la migración
- Estableciendo plataformas, dirigidas y organizadas por líderes inmigrantes hispanos/latinos laicos capacitados y apoyadas por la USCCB, para acompañar, educar y defender las necesidades sociales, cívicas y espirituales de la comunidad de inmigrantes documentados e indocumentados
- Creando lazos de solidaridad entre todos los miembros del Cuerpo de Cristo, tanto inmigrantes como nacidos en los Estados Unidos

Objetivo: Asumir un papel más prominente en abogar por una reforma migratoria integral y justa, tanto individualmente como en las diócesis, parroquias y organizaciones.

Enfoques pastorales

- Predicando a favor de los inmigrantes y refugiados, y formando la conciencia de los fieles sobre los principios de la doctrina social de la Iglesia relacionados con la inmigración
- Abogando por una reforma migratoria integral y justa a nivel local, regional y nacional, con base en nuestra carta pastoral conjunta de 2004 emitida con la Conferencia del Episcopado Mexicano, titulada *Juntos en el camino de la esperanza: Ya no somos extranjeros*[95]
- Destacando el racismo y la discriminación contra los inmigrantes como asuntos contra el respeto a la vida
- Trabajando para superar el racismo y las duras políticas de aplicación de la ley que separan a las familias y dejan que muchas personas mueran en el desierto o se sometan a la peligrosa influencia de los traficantes de personas
- Fomentando la solidaridad y la compasión en favor de la aceptación y acogida de inmigrantes y refugiados en los Estados Unidos
- Utilizando las redes sociales para resaltar las historias de inmigrantes y refugiados que buscan asilo, humanizando así su difícil situación y demostrando la necesidad de una reforma migratoria integral y justa

6) Formación para el ministerio en una Iglesia culturalmente diversa

Los hispanos/latinos están llamados a brindar liderazgo en la vida y misión de la Iglesia en cantidades

---

94. Ver el Apéndice B para obtener una lista completa de las abreviaturas de las organizaciones católicas, los departamentos, los principales movimientos eclesiales y las iniciativas.
95. Ver USCCB y Conferencia del Episcopado Mexicano, *Juntos en el Camino de la Esperanza: Ya No Somos Extranjeros* (Washington DC: USCCB, 2004), *https://www.usccb.org/es/issues-and-action/human-life-and-dignity/immigration/strangers-no-longer-together-on-the-journey-of-hope#introduccion.*

significativas. Invertir en su formación como líderes y formarlos para el servicio en diferentes áreas ministeriales es de suma importancia para la Iglesia, con especial atención a los jóvenes adultos hispanos/latinos. También es crucial que todos los líderes de la Iglesia, incluidos los seminaristas y párrocos, reciban formación en la pastoral y la cultura hispana/latina para que puedan involucrar con éxito a los hispanos/latinos en el contexto de sus ministerios.

Objetivo: Formar líderes colaborativos —hispanos/latinos y no hispanos/latinos; mujeres y hombres laicos, ordenados, consagrados y seminaristas— que puedan responder pastoralmente en un espíritu de sinodalidad a las demandas de una Iglesia culturalmente diversa.

Enfoques pastorales

- Creando oportunidades de formación flexibles, de calidad e integrales que sean accesibles, tanto en las instalaciones, como en línea, y en términos de cultura e idioma
- Ofreciendo capacitaciones de *Desarrollando la capacidad intercultural de los ministros* y *Mejores prácticas en parroquias compartidas* en seminarios, diócesis y otras instituciones católicas[96]
- Fortaleciendo la colaboración entre diócesis, parroquias, movimientos eclesiales, institutos pastorales, seminarios y universidades católicas para maximizar el acceso a los programas de formación pastoral para el ministerio de los líderes pastorales hispanos/latinos y de aquellos que sirven a los hispanos/latinos en el ministerio

Objetivo: Acompañar a los hispanos/latinos en el descubrimiento de sus dones y en el discernimiento para el ministerio en la Iglesia y el servicio en la sociedad.

Enfoques pastorales

- Reconociendo y fomentando los dones de los hispanos/latinos y facilitando su desarrollo y práctica en el ministerio y en la sociedad
- Invirtiendo en la formación de hispanos/latinos para un liderazgo exitoso en la Iglesia
- Incluyendo a los hispanos/latinos en los consejos diocesanos y parroquiales, en los consejos de finanzas, las juntas escolares y las juntas directivas de organizaciones católicas locales, incluyendo seminarios y universidades
- Contratando hispanos/latinos, particularmente jóvenes adultos y mujeres, para ocupar puestos parroquiales y diocesanos en una variedad de áreas ministeriales
- Haciendo contacto con todos los católicos, a quienes se preparan para el servicio público o lo ejercen actualmente, y a todos los que participan en el ámbito público para presentarles los principios de la doctrina social de la Iglesia, con un enfoque en la comprensión del bien común

Objetivo: Continuar aumentando el acceso de los hispanos/latinos a programas de posgrado en teología y ministerio.

Enfoques pastorales

- Aumentando el número de programas especializados en la pastoral hispana/latina
- Continuando la inversión en becas para estudiantes hispanos/latinos y contratando mujeres y hombres hispanos/latinos como profesores y personal, especialmente aquellos que pueden enseñar cursos sobre la pastoral hispana/latina
- Construyendo colaboraciones más fuertes

---

96. Ver Comité de la Diversidad Cultural en la Iglesia de la USCCB, *Desarrollando la capacidad intercultural de los ministros*; Comité de la Diversidad Cultural en la Iglesia de la USCCB, *Mejores prácticas en parroquias compartidas*.

entre teólogos —hispanos/latinos y no hispanos/latinos— y líderes pastorales

- Desarrollando colaboraciones entre instituciones de educación superior católicas y seculares para crear y promover itinerarios y acompañamiento académico para los estudios de posgrado y la obtención de títulos de la comunidad hispana/latina.

7) Atención pastoral a los que se encuentran en la periferia

La Iglesia es promotora y ejemplo de justicia y misericordia. Recomendamos encarecidamente que se dé prioridad al discernimiento de las respuestas a las necesidades urgentes y vitales a nivel local, especialmente a medida que evolucionan las condiciones pastorales, evitando la tentación de centrarse en una a expensas de las demás.[97] Las respuestas deben incluir tanto obras de caridad (servicios directos) como abogar legislativamente por la justicia, trabajando siempre por el bien común en armonía con la doctrina social de la Iglesia. Los católicos hispanos/latinos no solo se benefician de estos importantísimos ministerios, sino que también están llamados a ser protagonistas en la construcción de una *sociedad basada en la amistad social*—una sociedad justa que respeta la vida y la dignidad humana desde la concepción hasta la muerte natural, protege nuestra casa común,[98] y tiene sus raíces en la amistad social y el bien común.

Algunas periferias comunes identificadas en la comunidad hispana/latina incluyen inmigrantes (tanto documentados como indocumentados), refugiados y solicitantes de asilo, trabajadores migrantes, pueblos indígenas, personas detenidas o encarceladas, militares, la comunidad Sorda, personas con discapacidades, niños no nacidos, víctimas de violencia doméstica o trata de personas, personas que están gravemente enfermas, ancianos, las mujeres que quedan embarazadas en circunstancias difíciles,

personas afectadas por un embarazo inesperado y las que experimentan atracción por personas del mismo sexo o incongruencia de identidad sexual. Además, la degradación ambiental y los químicos tóxicos tienen efectos dañinos a la salud de los trabajadores agrícolas e industriales, muchos de los cuales son hispanos/latinos. Por lo tanto, la contaminación del medio ambiente es un problema grave en la mayoría de las comunidades de bajos ingresos donde viven muchos hispanos/latinos. Otras periferias incluyen personas que sufren de pobreza, hambre, violencia doméstica y comunitaria, delincuencia, racismo y xenofobia, enfermedades mentales y físicas, tendencias al suicidio o autolesiones, falta de atención médica y adicciones, entre otras.

Objetivo: Empoderar a los fieles católicos en su papel de construir una sociedad basada en la amistad social.

Enfoques pastorales

- Incorporando la formación para vivir y promover la doctrina social de la Iglesia en toda la formación pastoral para el ministerio —laicos y ordenados— así como en los materiales de catequesis para personas de todas las edades
- Animando a los líderes católicos a participar activamente en todos los sectores de la comunidad local, ayudando a abordar una amplia variedad de cuestiones de justicia social y proporcionando experiencias de encuentro con aquellos en la periferia
- Escuchando y respondiendo a la voz profética de los católicos hispanos/latinos, particularmente aquellos en la periferia que son los más afectados por los problemas mencionados anteriormente
- Participando en la organización de la base para facilitar soluciones fundadas en la comunidad
- Dirigiendo la atención sobre los asuntos

---

97. Ver Papa Francisco, *Gaudete et Exsultate*, n. 101.

98. Ver Papa Francisco, *Laudato Si'* (*Carta encíclica sobre el cuidado de la casa común*), 24 de mayo de 2015, n. 1, *https://www.vatican.va/content/francesco/es/encyclicals/documents/papa-francesco_20150524_enciclica-laudato-si.html*.

que son más urgentes y vitales para la justicia social y la defensa, a nivel local, nacional y global

- Creando programas accesibles para formar, proteger y ayudar a los hispanos/latinos a promover el respeto por la vida desde la concepción hasta la muerte natural

---

Objetivo: Aumentar el acceso a los servicios sociales necesarios para promover el florecimiento humano entre las personas y familias hispanas/latinas.

Enfoques pastorales

- Estableciendo o fortaleciendo colaboraciones entre las oficinas diocesanas, parroquias, ministerios, escuelas, Caridades Católicas, la Sociedad de San Vicente de Paúl, los servicios de salud católicos y otras organizaciones católicas, organizaciones de base, y socios comunitarios en las comunidades hispanas/latinas, en un espíritu de pastoral de conjunto
- Mejorando la comunicación con la comunidad hispana/latina sobre los servicios disponibles y capacitando al clero y otros líderes pastorales para conectar a las personas con los servicios que necesitan, como ayuda para encontrar trabajo, recursos de salud mental, asistencia financiera, servicios comunitarios, atención médica, representación legal, y educación
- Reforzando y ampliando los servicios que faltan, en colaboración con otras agencias y proveedores de servicios, asegurando la accesibilidad financiera y geográfica

---

Objetivo: Abogar por el bienestar material, espi-

ritual, emocional y relacional o psicosocial de las familias hispanas/latinas dentro de un contexto de amistad social.

Enfoques pastorales

- Involucrando a los líderes pastorales y a los fieles en el trabajo con organizaciones comunitarias, escuelas públicas, proveedores de atención médica y de salud mental, cárceles, prisiones, centros de detención y otras instituciones
- Proporcionando formación para los católicos hispanos/latinos sobre los sistemas políticos en los Estados Unidos, incluyendo las formas de participar en el ámbito público, la organización comunitaria, la defensa legislativa y los llamados actuales a la acción a nivel estatal y nacional, en inglés y español[99]
- Colaborando con conferencias católicas estatales, Caridades Católicas locales y organizaciones comunitarias para abogar a favor de y con los pobres, los que sufren y los marginados en las periferias para crear cambios políticos, legislativos o estructurales reales según sea necesario
- Colaborando con *Catholic Relief Services* y otras organizaciones de auxilio para aumentar la solidaridad mundial a través de la oración, la educación, el encuentro, el apoyo económico y la defensa[100]
- Involucrando y empoderando a los hispanos/latinos que se postulan para cargos públicos, ofreciéndoles oportunidades de diálogo y formación para su crecimiento en la comprensión de la doctrina social de la Iglesia

8) Liturgia y espiritualidad

La liturgia y la espiritualidad son fundamentales en

---

99. La Reunión del Ministerio Social Católico, las conferencias católicas estatales, la Justicia para los Inmigrantes, *Catholic Relief Services* y *Voice of the Poor* brindan excelentes oportunidades para participar en la defensa. Las organizaciones comunitarias que reciben fondos de la Campaña Católica para el Desarrollo Humano también capacitan a los líderes locales en la organización comunitaria.
100. Ver Papa Francisco, *Fratelli Tutti*, nn. 142–153.

la vida de la Iglesia, ya que sostienen y expresan la fe del Pueblo de Dios en la oración comunitaria y el culto divino. Un mayor acceso a la celebración de la liturgia y la vida sacramental en español es esencial para alimentar la identidad católica de los nuevos inmigrantes y sus familias. También es importante una espiritualidad nutrida en la oración de la Iglesia y sostenida por expresiones culturales de religiosidad que ayuden a mantener la fe viva, activa y vibrante.

Objetivo: Hacer más accesible la celebración de la liturgia dominical y otros sacramentos en español y contextualizados por la espiritualidad y realidad vivida por los hispanos/latinos.

Enfoques pastorales

- Promoviendo celebraciones hermosas, reverentes, auténticas y vibrantes de la liturgia dominical en inglés, en español y en formato bilingüe
- Brindando formación continua para ayudar al clero a comprender la realidad cultural y social de los hispanos/latinos
- Continuar apoyando las necesidades lingüísticas y los elementos culturales únicos, celebraciones y expresiones de la liturgia en las comunidades hispanas/latinas

Objetivo: Formar ministros litúrgicos y músicos para las comunidades hispanas/latinas.

Enfoques pastorales

- Identificando, invitando y formando nuevos ministros para servir en una variedad de contextos
- Ofreciendo homilías en inglés y español que hablen de la realidad de la comunidad local para establecer la conexión entre la fe y la vida
- Desarrollando una catequesis litúrgica, presentada de una manera dinámica e interesante, para ayudar a los adolescentes y jóvenes adultos a comprender y vivir la liturgia más plenamente

9) Promoción de vocaciones

Un aumento de las vocaciones eclesiales entre la comunidad hispana/latina, en particular las vocaciones al sacerdocio, es esencial para que la Iglesia lleve a cabo su misión. "En este momento histórico, se debe prestar especial atención a los hispanos nacidos en Estados Unidos, quienes constituyen la mayoría de los jóvenes dentro de esta población".[101] Las comunidades de fe locales juegan un papel clave en la creación de una cultura de vocaciones y deben trabajar de cerca con las familias hispanas/latinas para lograrlo. También debemos poner a disposición de la comunidad hispana/latina más oportunidades de educación católica como medio para discernir y apoyar las vocaciones.

Objetivo: Aumentar el número de hispanos/latinos en las vocaciones del sacerdocio, la vida consagrada, el diaconado permanente, el ministerio eclesial laico y el matrimonio.

Enfoques pastorales

- Instruyendo a los fieles sobre el llamado universal a la santidad y promoviendo las vocaciones del sacerdocio, el diaconado permanente, la vida consagrada, la vida soltera y el matrimonio en todos los ministerios y programas
- Animando la oración por las vocaciones, en particular al sacerdocio y a la vida religiosa, en la adoración eucarística y otras formas de oración personal, familiar y comunitaria
- Construyendo relaciones con las familias hispanas/latinas, desarrollando ministerios con adolescentes y jóvenes adultos y ofreciéndoles oportunidades para el discernimiento vocacional

101. USCCB, *Program of Priestly Formation* [Programa de Formación Sacerdotal], n. 53.

- Ofreciendo acompañamiento y dirección espiritual a los adolescentes y jóvenes adultos quienes están discerniendo su vocación
- Equipando a las oficinas diocesanas con personal que pueda involucrar y ser modelos de vocaciones del sacerdocio, diaconado, vida consagrada y ministerio eclesial laico
- Animando a los párrocos a hablar con la juventud hispana/latina, en grupos e individualmente, especialmente para fomentar el discernimiento hacia el sacerdocio (es decir, ofrecer charlas sobre vocaciones). Para un informe especial de 2021 sobre la diversidad cultural en las vocaciones a la vida religiosa en los Estados Unidos, el *Center for Applied Research in the Apostolate* [Centro de Investigación Aplicada en el Apostolado] (CARA por sus siglas en inglés), encuestó a sacerdotes, hermanos y hermanas religiosos y señaló que el 50 por ciento indicó que el clero de su parroquia los había apoyado y los animó a discernir su vocación religiosa.[102]

10) Educación católica

Históricamente, las escuelas, colegios y universidades católicas han sido un gran regalo para la Iglesia y su misión, brindando el beneficio de una educación católica y preparando líderes en la Iglesia y la sociedad con una fuerte identidad católica. Muchas de estas instituciones han tenido éxito en acoger e integrar a la comunidad hispana/latina. Sin embargo, a nivel nacional menos del cuatro por ciento de los niños hispanos/latinos actualmente asisten a una escuela católica. Debemos redoblar nuestros esfuerzos con urgencia para llegar mejor a las familias hispanas/latinas y para acoger, abrazar, asesorar y formar a los niños y jóvenes

hispanos/latinos en estas instituciones. Las escuelas católicas necesitan desarrollar estrategias de accesibilidad y retención (económicas y culturales) para las familias hispanas/latinas y otras comunidades desatendidas, respetando la rica diversidad de nuestra comunidad católica.[103]

Objetivo: Inscribir y graduar más estudiantes hispanos/latinos en instituciones educativas católicas.

Enfoques pastorales

- Cultivando un espíritu misionero entre el personal y los administradores escolares
- Creando oportunidades para que el personal y la administración de las escuelas conozcan a las familias hispanas/latinas y afirmen los dones que aportan a la iglesia local y a la comunidad
- Brindando información sobre las instituciones educativas católicas de manera atractiva y accesible para las familias hispanas/latinas, tomando en cuenta sus preferencias de idioma, cultura y ubicación en la comunidad
- Desarrollando estrategias para hacer que la educación católica sea más asequible y comunicarse con las familias hispanas/latinas sobre la asistencia financiera disponible
- Haciendo que las escuelas y las diócesis informen a las familias hispanas/latinas sobre los programas existentes en su estado y capacitando a las instituciones católicas para que participen en la promoción para comenzar o ampliar los programas de elección de escuela
- Adaptando el entorno escolar para que sea un espacio más acogedor e inclusivo, contratando proactivamente

---

102. CARA, "*Cultural Diversity in Vocations to Religious Life in the United States: Findings from a National Study of New Religious Members,*" [Diversidad Cultural en las Vocaciones a la Vida Religiosa en los Estados Unidos: Hallazgos de un estudio nacional de nuevos miembros religiosos], *CARA Special Report*, Verano 2021, 6, cara.georgetown.edu/s/Summer2021Vocations.pdf.
103. Alliance for Catholic Education - University of Notre Dame, Para alentar el espíritu de una nación: familias Latinas, escuelas católicas y oportunidades educativas (Alliance for Catholic Education Press: Notre Dame, IN, 2009), https://ace.nd.edu/sites/default/files/2022-03/To%20Nurture%20the%20Soul%20of%20a%20Nation_Latino%20Task%20Force%20Report_Spanish.pdf.

a más hispanos/latinos bilingües como maestros y administradores, y brindando entrenamiento en capacidad intercultural al personal escolar y a los voluntarios

- Invitando y preparando a miembros de la comunidad hispana/latina para que sirvan como voluntarios, mentores de estudiantes y familias, y miembros de órganos consultivos sobre presupuestos, actividades, desarrollo del personal, becas y otras áreas de la vida escolar, ayudando así a las escuelas a responder a la comunidad hispana/latina de manera proporcional al crecimiento de su población
- Concientizando a las familias hispanas/latinas sobre la educación católica, preparando a los hijos para la universidad, ayudándolos en su discernimiento y solicitud, e invirtiendo en caminos que garanticen cierto éxito en la educación superior de los jóvenes hispanos/latinos
- Ofreciendo una variedad de formatos, idiomas y recursos educativos digitales en la educación superior, tanto en programas de otorgamiento de títulos como en programas de educación continua
- Comunicando intencionalmente con sacerdotes de origen internacional para informarles sobre la historia y la centralidad de las escuelas católicas en la vida de la Iglesia de los Estados Unidos
- Promoviendo que las escuelas católicas consideren cuidadosamente cómo incorporar más plenamente a las familias hispanas/latinas en la vida de la escuela

La parte final que sigue incluye iniciativas nacionales que nos comprometemos a realizar en los próximos diez años, iniciativas que pueden servir de ejemplo para una planificación pastoral más local. Invitamos a los líderes pastorales locales a participar en estas actividades en la medida en que se preparen y capaciten a sí mismos y a sus ministerios para avanzar en sus prioridades pastorales discernidas.

Parte V
Proyectos e iniciativas nacionales

Esta parte final del *Plan pastoral nacional* contiene varios proyectos e iniciativas nacionales que nosotros, como obispos de los Estados Unidos, nos comprometemos a llevar a cabo durante los próximos diez años. Otras iniciativas se irán incorporando al plan a lo largo de los próximos años, ya que el plan de diez años abarcará cuatro ciclos de planificación de la USCCB.[104]

1. Lanzamiento del Plan Nacional
2. Discernimiento pastoral y acompañamiento de la Red de la pastoral hispana/latina
3. Evangelización y misión
4. Formación en la fe y catequesis
5. Acompañamiento pastoral de las familias
6. Formación pastoral de líderes jóvenes adultos
7. Inmigración y abogacía
8. Formación pastoral y acción para una Iglesia culturalmente diversa
9. Formación y misión de justicia social
10. Formación de liderazgo y acompañamiento
11. Liturgia y espiritualidad
12. Vocaciones
13. Educación católica

---

104. La USCCB sigue un ciclo de planificación estratégica de cuatro años. El lapso de diez años de este *Plan Pastoral Nacional* incluirá los ciclos de planificación 2021-2024, 2025-2028, 2029-2032 y 2033-2036.

1) Lanzamiento del Plan Nacional

Objetivo: Ayudar a las diócesis en el desarrollo e implementación de sus planes pastorales, entre septiembre de 2023 y diciembre de 2024.

Resultado: Entre setenta y cinco y cien diócesis se familiarizan con el plan pastoral y pueden desarrollar sus propios planes o actualizarlos utilizando las líneas de acción y prioridades pastorales de este plan.

Actividad 1:	Desarrollar un taller de un día para presentar este *Plan Pastoral Nacional*, estadísticas diocesanas y herramientas para utilizar el plan en el desarrollo de planes locales.	*Antes de septiembre de 2023*
Actividad 2:	Realizar un taller nacional de "formación de los formadores" para los coordinadores de los equipos regionales.	*Antes de noviembre de 2023*
Actividad 3:	Realizar talleres de planificación pastoral de "formación de los formadores" en las catorce regiones.	*Entre enero de 2024 y junio de 2024*
Actividad 4:	Realizar talleres diocesanos de "formación de los formadores" en las diócesis.	*Entre junio de 2024 y julio de 2025*
	Colaboradores externos: actuales coordinadores regionales y obispos acompañantes de ERAVE,[105] equipos regionales de la pastoral hispana/latina, directores y coordinadores diocesanos de la pastoral hispana/latina y organizaciones nacionales católicas hispanas/latinas	

2) Discernimiento pastoral y acompañamiento de la Red de la pastoral hispana/latina[106]

Objetivo: Emprender un proceso de discernimiento pastoral y acompañamiento con organizaciones e instituciones hispanas/latinas católicas nacionales y regionales.

Resultado: Se desarrolla un espíritu sinodal y una visión común entre los líderes de la Red de la pastoral hispana/latina y un fortalecimiento de sus organizaciones e instituciones.

---

105. Ver el Apéndice B para una lista completa de las abreviaturas de las organizaciones católicas, los departamentos, los principales movimientos eclesiales y las iniciativas.
106. La Red de la pastoral hispana/latina incluye líderes nacionales, regionales, diocesanos y locales.

Actividad 1:	Diseñar un proceso de diálogo y discernimiento pastoral tomando como punto de partida las prioridades y resultados en las *Memorias y conclusiones* del V Encuentro, las memorias del Congreso Raíces y Alas de 2022 y las perspectivas pastorales de la I Asamblea Eclesial para Latinoamérica y el Caribe 2021.	*Antes de diciembre de 2023*
Actividad 2:	Invitar a las organizaciones nacionales y regionales a seleccionar áreas prioritarias y a participar en conversaciones y discernimiento pastoral en sus reuniones anuales y otros foros.	*Entre enero de 2024 y junio de 2025*
Actividad 3:	Realizar una cumbre sobre la pastoral hispana/latina para compartir enfoques, perspectivas y recomendaciones pastorales generados a través del proceso de diálogo y discernimiento pastoral.	*Otoño de 2025*
	Colaboradores de la USCCB: Subcomité de Asuntos Hispanos, Secretariado de Diversidad Cultural en la Iglesia Colaboradores externos: organizaciones católicas nacionales	

3) Evangelización y misión

Objetivo: Crear un movimiento nacional diseñado para salir al encuentro de los hispanos/latinos en las periferias, llevándolos a la presencia de Cristo e invitándolos a tener un encuentro con Jesucristo vivo en la Eucaristía.

Resultado: Entre cincuenta y setenta y cinco diócesis se involucran en un proyecto misionero y observan un aumento en el número de católicos hispanos/latinos que participan en la celebración de la liturgia dominical y demuestran una apreciación creciente por la Eucaristía en la vida de la Iglesia.

Actividad 1:	Diseñar un proceso de misión a las periferias basado en el recurso *Creando una cultura de encuentro: Una guía para alegres discípulos misioneros* de la USCCB.	*Antes de diciembre de 2024*
Actividad 2:	Ofrecer talleres de "formación de los formadores" en las catorce regiones episcopales.	*Entre enero de 2024 y junio de 2028*

Actividad 3:	Ofrecer capacitación para orientar a parejas y familias en situaciones irregulares, para que puedan rectificar su situación y volver a la recepción de la Eucaristía y podamos apoyar a sus familias en la recepción de los sacramentos.	*Entre enero y diciembre de 2025*
	Colaboradores de la USCCB: Subcomité de Asuntos Hispanos; Secretariados de Diversidad Cultural en la Iglesia, de Evangelización y Catequesis	

Objetivo: Conmemorar el 500° aniversario del Acontecimiento Guadalupano y revitalizar su mensaje y misión evangelizadora.

Resultado: Los católicos se vuelven más conscientes del mensaje y la misión de Nuestra Señora de Guadalupe y están mejor capacitados para participar en esta misión evangelizadora.

Actividad 1:	Desarrollar recursos sobre el mensaje y la misión del Acontecimiento Guadalupano, incluyendo una guía parroquial basada en el *Nican mopohua*.[107]	*Antes de diciembre de 2029*
Actividad 2:	Realizar talleres de "formación de los formadores" en las catorce regiones episcopales sobre el uso de la guía parroquial del *Nican Mopohua*.	*Entre enero y diciembre de 2030*
Actividad 3:	Planear una celebración nacional para conmemorar los quinientos años del Acontecimiento Guadalupano.	*Noviembre o diciembre de 2031*
Actividad 4:	Promover la celebración del aniversario del Acontecimiento Guadalupano en las diócesis de los Estados Unidos.	*Durante 2031*
Actividad 5:	Marcar la celebración del Acontecimiento Guadalupano como nuevo comienzo de la acción evangelizadora de la Iglesia.	*12 de diciembre de 2031*
	Colaboradores de la USCCB: Subcomité de Asuntos Hispanos; Secretariados de Diversidad Cultural en la Iglesia, de Culto Divino, y de Actividades Providas. Colaboradores externos: organizaciones católicas nacionales, líderes regionales y directores diocesanos de la pastoral hispana/latina	

107. Ver Clodomiro L. Siller Acuña, *Para Comprender El Mensaje De María De Guadalupe* (Buenos Aires: Argentina, Editorial Guadalupe 1989), 12.

4) Formación en la fe y catequesis

Objetivo: Formar y acompañar a los líderes catequéticos a la luz del Directorio para la catequesis, con énfasis en el ministerio laical de Catequista.

Resultado: El número de líderes catequéticos hispanos/latinos bien formados aumenta entre un 30 y un 50 por ciento, incluyendo un aumento del 10 al 20 por ciento en el personal parroquial para guiar los ministerios catequéticos en todo el país antes de diciembre de 2033.

Actividad 1:	Desarrollar talleres y recursos, tanto en inglés como en español, sobre el *Directorio para la catequesis* y la formación de ministerios catequéticos.	*Antes de diciembre de 2023*
Actividad 2:	Promover el ministerio laical de Catequista como un medio privilegiado de evangelización que fortalece la comunión eclesial, mediante la realización de talleres, presentaciones y diálogos continuos en reuniones y eventos catequéticos nacionales.	*Antes de diciembre de 2025*
Actividad 3:	Desarrollar y proporcionar lecturas y reflexiones diarias en español en formatos de audio y video para promover el manejo de la Biblia y la animación bíblica para el ministerio.	*Antes de diciembre de 2024*
Actividad 4:	Realizar una reunión con la *Association of Catholic Publishers* [Asociación Nacional de Editoriales Católicas] para presentar la visión de este *Plan nacional de pastoral* y discernir los tipos de recursos bilingües y materiales de capacitación catequética que pueden proporcionar las editoriales católicas.	*Antes de diciembre de 2023*
	Colaboradores de la USCCB: Subcomité de Traducciones de las Escrituras; Secretariados de Evangelización y Catequesis; Culto Divino; y Laicos, Matrimonio, Vida Familiar y Juventud Colaboradores externos: FCH, NALM, NCCL	

5) Acompañamiento pastoral de las familias

Objetivo: Diseñar y desarrollar recursos para acompañar y formar a las familias hispanas/latinas como discípulos misioneros en la iglesia doméstica.

Resultado: Las familias hispanas/latinas fortalecen su identidad como iglesia doméstica y se consideran discípulos misioneros.

Actividad 1:	Desarrollar recursos para las familias hispanas/latinas basados en los cinco movimientos descritos por el Papa Francisco en *Evangelii Gaudium*, n. 24, con énfasis en la misión.	*Antes de diciembre de 2023*
Actividad 2:	Crear y proporcionar talleres para ayudar a las diócesis a utilizar estos recursos.	*Entre enero de 2024 y junio de 2028*
Actividad 3:	Utilizar el sitio web por tu matrimonio para animar y acompañar a las familias hispanas/latinas como discípulos misioneros en la iglesia doméstica.	*Anualmente*
	Colaboradores de la USCCB: Secretariados de Evangelización y Catequesis y de Laicos, Matrimonio, Vida Familiar y Juventud Colaboradores externos: CFLA, FPFH	

Objetivo: Aumentar la colaboración entre los ministros de la pastoral familiar hispana/latina a nivel nacional.

Resultado: Se desarrolla una mejor coordinación y acompañamiento entre los ministros y ministerios de la pastoral familiar hispana/latina.

Actividad 1:	Crear y mantener un directorio nacional de líderes responsables de la pastoral familiar hispana/latina en las diócesis y otras organizaciones e instituciones católicas.	*Antes de diciembre de 2023*
Actividad 2:	Planificar y realizar reuniones anuales conjuntas de CFLA y la Pastoral Familiar Hispana en un espíritu de pastoral de conjunto.	*Anualmente*
Actividad 3:	Colaborar en la implementación de nuestro recurso de 2022 *Llamados a la Alegría del Amor: Marco Pastoral Nacional para el Ministerio de Matrimonio y Vida Familiar* y nuestra carta pastoral de 2009 *El Matrimonio: El Amor y la Vida en el Plan Divino*.	*Anualmente*
	Colaboradores de la USCCB: Secretariados de Evangelización y Catequesis y de Laicos, Matrimonio, Vida Familiar y Juventud Colaboradores externos: CFLA, FPFH	

Objetivo: Mejorar la formación y el acompañamiento de las parejas y padres hispanos/latinos en las parroquias.

Resultado: Las familias hispanas/latinas demuestran una identidad católica más sólida y pueden vivir mejor su fe como parejas, padres y miembros de la familia en la iglesia doméstica.

Actividad 1:	Identificar las mejores prácticas para la pastoral familiar hispana/latina en las parroquias, incluyendo la preparación y el acompañamiento matrimonial, y en los ministerios eclesiales familiares y movimientos eclesiales.	*Antes de junio de 2024*
Actividad 2:	Promover la difusión de estas mejores prácticas a través de encuentros anuales, seminarios en línea y el sitio web Por Tu Matrimonio.	*Desde enero de 2025 hasta 2033*
	Colaboradores de la USCCB: Secretariados de Evangelización y Catequesis; de Laicos, Matrimonio, Vida Familiar y Juventud; de Educación Católica; de Actividades Providas; y de JPHD	

6) Formación pastoral de líderes jóvenes adultos

Objetivo: Acompañar y formar entre dos mil y tres mil jóvenes adultos hispanos/latinos antes de 2033 para que alcancen su pleno potencial como discípulos misioneros.

Resultado: Producir una nueva generación de líderes jóvenes adultos hispanos/latinos formados como discípulos misioneros.

Actividad 1:	Producir y ofrecer un programa de liderazgo diseñado para jóvenes adultos hispanos/latinos comprometidos en la pastoral.	*Antes de diciembre de 2023*
Actividad 2:	Trabajar con las diócesis para que inscriban cohortes anuales de quince a veinte participantes y asignar a cada cohorte un coordinador local de VEYAHLI.	*Antes de diciembre de 2024*
Actividad 3:	Crear un programa de acompañamiento y centro de recursos para jóvenes adultos hispanos/latinos.	*Antes de diciembre de 2023*
	Colaboradores de la USCCB: Secretariados de Diversidad Cultural en la Iglesia; de Educación Católica (Certificación para el Ministerio y Servicio Eclesial); de Evangelización y Catequesis; de Laicos, Matrimonio, Vida Familiar y Juventud; de JPHD	
	Colaboradores externos: Alianza de VEYAHLI, coordinada por la organización anfitriona MACC; LaRED, NIMYA, NFCYM	

7) Inmigración y abogacía

Objetivo: Apoyar y participar activamente en el trabajo de la campaña Justicia para los Inmigrantes (JFI) y otras iniciativas que abogan por una reforma migratoria integral que incluya un camino hacia la ciudadanía.

Resultado: Los líderes católicos se vuelven activistas en la reforma migratoria integral, generando una solidaridad renovada con nuestros hermanos y hermanas indocumentados.

Actividad 1:	Promover y participar en los esfuerzos educativos y de defensa de JFI.	*Anualmente*
Actividad 2:	Resaltar el tema de la inmigración en el cuidado pastoral y la defensa, en conferencias nacionales y dentro de la Red de la pastoral hispana/latina.	*Anualmente*
Actividad 3:	Resaltar la participación activa de los hispanos/latinos en la vida de la Iglesia, independientemente de su estatus migratorio.	*Anualmente*
Actividad 4:	Inspirar a una nueva generación de defensores, abogados y ministros pastorales comprometidos con la defensa de la dignidad y los derechos de las personas indocumentadas.	*Anualmente*
	Colaboradores de la USCCB: Servicios de Migración y Refugiados; CCHD; JPHD Colaboradores externos: Red Católica de Inmigración Legal, Inc. (CLINIC), *Catholic Relief Services*, conferencias católicas estatales	

8) Formación pastoral y acción para una Iglesia culturalmente diversa

LA FORMACIÓN

Objetivo: Lograr que entre setenta y cinco y cien seminarios, diócesis, parroquias y otras organizaciones e instituciones católicas se comprometan a desarrollar niveles más altos de capacidad intercultural en su personal y líderes antes de diciembre de 2028.

Resultado: El número de líderes católicos, lai-cos y ordenados, que han desarrollado la capacidad intercultural y están mejor capacitados para promover la integración e inclusión eclesial en su ministerio aumenta entre un 20 y un 30 por ciento antes de diciembre de 2028.

Actividad 1:	Actualizar el recurso de 2013 de la USCCB *Desarrollando la capacidad intercultural de los ministros.*[108]	*Antes de diciembre de 2023*
Actividad 2:	Promover presentaciones y talleres sobre *Desarrollando la capacidad intercultural de los ministros* y nuestro recurso de 2013 *Mejores prácticas en parroquias compartidas.*[109]	*Desde finales de 2024 hasta diciembre de 2028*

Colaboradores de la USCCB: Secretariado de Diversidad Cultural en la Iglesia

Colaboradores externos: seminarios, casas de formación, universidades católicas, líderes diocesanos, otras organizaciones nacionales

Objetivo: Promover la formación en la pastoral hispana/latina, la cultura y el dominio del idioma entre todos los seminaristas, candidatos al diaconado permanente y hombres y mujeres consagrados.

Resultado: Entre el 50 y el 75 por ciento de los sacerdotes recién ordenados y los hombres y mujeres consagrados están capacitados con el conocimiento, las habilidades y las actitudes para participar en el ministerio entre los hispanos/latinos.

Actividad 1:	Realizar un inventario de los datos disponibles sobre cómo los seminarios y las casas de formación están preparando a los estudiantes para el ministerio entre los hispanos/latinos.	*Antes de diciembre de 2024*
Actividad 2:	Colaborar en la implementación de la sexta edición del *Program of Priestly Formation* [Programa de formación sacerdotal], así como la segunda edición del *National Directory for the Formation, Ministry, and Life of Permanent Deacons in the United States of America* [Directorio nacional para la formación, ministerio y vida de los diáconos permanentes en Estados Unidos], con énfasis en la capacidad intercultural y mejores prácticas en parroquias compartidas.[110]	*Anualmente*

Colaboradores de la USCCB: Secretariado de Clero, Vida Consagrada y Vocaciones

Colaboradores externos: Organización Nacional de Rectores de Seminarios, oficinas diocesanas para las vocaciones, NCDVD, BC, ANSH, ANDH, FPFH, FIP, NFPC, CMSM, LCWR, CMSWR

108. Ver Comité de la Diversidad Cultural en la Iglesia de la USCCB, *Desarrollando la capacidad intercultural de los ministros.*
109. Ver Comité de la Diversidad Cultural en la Iglesia de la USCCB, *Desarrollando la capacidad intercultural de los ministros*; Comité de Diversidad Cultural en la Iglesia de la USCCB, *Mejores prácticas en parroquias compartidas.*
110. Ver USCCB, *Program of Priestly Formation*; USCCB, *The National Directory for the Formation, Ministry, and Life of Permanent Deacons in the United States of America*, 2nd ed. (Washington, DC: USCCB, 2021).

LÍDERES JÓVENES ADULTOS

Objetivo: Colaborar en la implementación del plan de acción de Caminando Juntos.

Resultado: Los líderes jóvenes adultos hispanos/latinos aumentan su capacidad de relacionarse, comunicarse y trabajar con líderes jóvenes adultos de las diversas familias culturales representadas en la iniciativa Caminando Juntos.

Actividad 1:	Promover la participación activa en la implementación de los objetivos y actividades del plan de acción de Caminando Juntos.	*Entre junio de 2023 y diciembre de 2024*
Actividad 2:	Promover el modelo Caminando Juntos para su uso en diálogos locales entre grupos culturales.	*Anualmente*
	Colaboradores de la USCCB: Secretariados de Diversidad Cultural en la Iglesia; de Laicos, Matrimonio, Vida Familiar y Juventud; de Educación Católica; y de Evangelización y Catequesis	
	Colaboradores externos: LaRED, NIMYA, NFCYM, CCMA	

9) Formación y misión de justicia social

Objetivo: Equipar líderes hispanos/latinos para la misión social.

Resultado: Un mayor número de líderes hispanos/latinos están preparados y capacitados para participar en la misión de justicia social de la Iglesia.

Actividad 1:	Consultar a los líderes hispanos/latinos sobre el desarrollo de estrategias; y fortalecer las relaciones, la presencia y la colaboración para alcanzar e involucrar a más hispanos/latinos en la misión social de la Iglesia.	*Entre junio de 2023 y diciembre de 2024*
Actividad 2:	Retomar y ampliar las traducciones actuales al español y la estrategia de adaptación cultural para recursos clave seleccionados, como "Dos pies de amor en acción".[111]	*Entre junio de 2023 y diciembre de 2024*

---

111. Ver USCCB, "Dos pies de amor en acción".

Actividad 3:	Promover y expandir voces y perspectivas culturalmente diversas a través del trabajo de varios departamentos de la USCCB, destacando las voces hispanas/latinas como presentadores, escritores o entrevistados en conferencias o en línea.	*Entre junio de 2023 y diciembre de 2024*
Actividad 4:	Brindar oportunidades de formación en las prácticas y la doctrina social de la Iglesia, incluyendo la acción directa, la defensa y la organización comunitaria.	*Entre junio de 2023 y diciembre de 2028*
Actividad 5:	Colaborar con la campaña de JFI.	*Anualmente*
	Colaboradores de la USCCB: JPHD; Servicios de Migración y Refugiados (JFI); Comité *Ad Hoc* sobre el Racismo; CCHD; Secretariados de Diversidad Cultural en la Iglesia, de Actividades Providas y de Laicos, Matrimonio, Vida Familiar y Juventud Colaboradores externos: *Catholic Relief Services*	

10) Formación de liderazgo y acompañamiento

Objetivo: Formar y acompañar a los líderes para que se involucren de manera más efectiva con este **Plan nacional para la pastoral hispana/latina** *y lo implementen a nivel local.*

Resultado: Entre cien y ciento veinte diócesis y organizaciones católicas se benefician de una serie ministerial bilingüe diseñada para ayudarlos a mejorar sus prácticas pastorales en cada una de las Áreas Ministeriales identificadas por el proceso del V Encuentro.

Actividad 1:	Completar los talleres y materiales de la Serie Ministerial del V Encuentro.	*Antes de septiembre de 2023*
Actividad 2:	Promover la Serie Ministerial del V Encuentro para preparar y dar seguimiento a este nuevo *Plan Pastoral Nacional*.	*Entre junio de 2023 y diciembre de 2024*
	Colaboradores de la USCCB: Subcomité de Asuntos Hispanos; Secretariados de Diversidad Cultural en la Iglesia, varios otros departamentos y secretariados de la USCCB Colaboradores externos: organizaciones católicas nacionales y directores diocesanos de la pastoral hispana/latina	

11) Liturgia y espiritualidad

LA FORMACIÓN

Objetivo: Proporcionar formación sobre la predicación y el ministerio musical para un contexto hispano/latino.

Resultado: Aumenta la participación activa y consciente de los hispanos/latinos en la liturgia dominical.

Actividad 1:	Brindar capacitación y formación al clero sobre la predicación dinámica y culturalmente apropiada.	*Antes de diciembre de 2025*
Actividad 2:	Dirigir una iniciativa para proporcionar educación y formación litúrgica a los músicos en comunidades hispanas/latinas.	*2025-2026*
	Colaboradores de la USCCB: Comité de Culto Divino Colaboradores externos: AMPHE, *Oregon Catholic Press, Liturgical Training Publications*	

LA ESCRITURA Y LA LITURGIA

Objetivo: Publicar un leccionario en español para su uso en todas las diócesis de los Estados Unidos.

Resultado: Los católicos hispanos/latinos en los Estados Unidos pueden dar culto utilizando un leccionario común.

Actividad 1:	Aprobar y publicar *La Biblia de la Iglesia en América* para su uso en los Estados Unidos de América.	*A determinarse*
Actividad 2:	Desarrollar y publicar el leccionario en español.	*Antes de diciembre de 2026*
	Colaboradores de la USCCB: Comité de Culto Divino, Subcomité de Traducciones de las Escrituras	

12) Vocaciones

Objetivo: Identificar y promover las mejores prácticas para involucrar y acompañar a los adolescentes y jóvenes adultos hispanos/latinos, tanto los nacidos en los Estados Unidos como los nacidos en el extranjero, que están discerniendo una vocación al sacerdocio o a la vida consagrada.

Resultado: El número de sacerdotes y hombres y mujeres consagrados hispanos/latinos que se ordenan o hacen su profesión religiosa aumenta entre un 10 y un 15 por ciento para diciembre de 2033.

Actividad 1:	Identificar las mejores prácticas en el ministerio vocacional entre hispanos/latinos en diócesis y congregaciones religiosas, utilizando datos actuales y realizando una encuesta nacional.	*Antes de diciembre de 2024*
Actividad 2:	Promover a los adolescentes y jóvenes adultos e involucrar a las familias hispanas/latinas como cuna de vocaciones.	*Entre enero de 2024 y diciembre de 2024*
Actividad 3:	Desarrollar una iniciativa para promover las mejores prácticas en el ministerio vocacional entre los hispanos/latinos, con un enfoque especial en los hispanos/latinos nacidos en los Estados Unidos, que abarque desde el acercamiento inicial a los hombres, mujeres y familias hispanos/latinos hasta su ordenación o profesión de los consejos evangélicos (votos religiosos).	*Antes de diciembre de 2025*
Actividad 4:	Crear un equipo para brindar a las diócesis y comunidades religiosas la formación y capacitación en la promoción de vocaciones hispanas/latinas, tanto de manera presencial como virtual. Ofrecer de dos a tres sesiones de capacitación en cada una de las catorce regiones episcopales.	*Entre enero de 2026 y diciembre de 2028*
Actividad 5:	Evaluar iniciativas y realizar mejoras en las sesiones de capacitación sobre mejores prácticas.	*Entre enero y diciembre de 2029*
Actividad 6:	Implementar las sesiones mejoradas.	*2030-2033*
	Colaboradores de la USCCB: Secretariados de Diversidad Cultural en la Iglesia; de Clero, Vida Consagrada y Vocaciones; de Laicos, Matrimonio, Vida Familiar y Juventud; y de Evangelización y Catequesis.	
	Colaboradores externos: Organización Nacional de Rectores de Seminario, oficinas diocesanas para las vocaciones, NCDVD, ANSH, ANDH, AHLMA, CCMA, FPFH, FIP, LaRED, NFCYM, NIMYA, NFPC, CMSM, LCWR, CMSWR	

Objetivo: Aumentar el número de sacerdotes, diáconos permanentes, hombres y mujeres consagrados y ministros eclesiales laicos que puedan acompañar efectivamente a la comunidad hispana/latina en un 20 a 35 por ciento para el año 2033.

Resultado: Más sacerdotes, diáconos permanentes, hombres y mujeres consagrados y ministros eclesiales laicos están capaces y disponibles para dirigir y coordinar los ministerios hispanos/latinos en las parroquias, con un número significativo de hispanos/latinos en otras organizaciones e instituciones católicas.

Actividad 1:	Lanzar una campaña nacional para promover la participación de adolescentes y jóvenes adultos hispanos/latinos a nivel diocesano y parroquial utilizando un modelo de colaboración, y también dentro de las familias hispanas/latinas. Incluir la promoción de grupos parroquiales para adolescentes y jóvenes adultos e involucrar a las familias hispanas/latinas como cuna de vocaciones.	*Entre enero y diciembre de 2024*
Actividad 2:	Presentar y promover la campaña en un encuentro nacional de directores de vocaciones, desarrollado en colaboración con directores de vocaciones y organizaciones nacionales.	*Antes de diciembre de 2025*
Actividad 3:	Organizar tres encuentros híbridos para líderes vocacionales con el fin de resaltar las mejores prácticas para identificar, fortalecer relaciones, invitar y acompañar a hombres y mujeres que están discerniendo su vocación eclesial.	*Entre junio de 2024 y julio de 2025*
Actividad 4:	Desarrollar recursos basados en las mejores prácticas para el uso de diócesis, parroquias y comunidades religiosas y familias.	*Antes de diciembre de 2025*
	Colaboradores de la USCCB: Secretariados de Diversidad Cultural en la Iglesia; de Clero, Vida Consagrada y Vocaciones; y de Laicos, Matrimonio, Vida Familiar y Juventud Colaboradores externos: Organización Nacional de Rectores de Seminario, oficinas diocesanas para las vocaciones, NCDVD, ANSH, ANDH, AHLMA, LaRED, NFCYM, NIMYA, FPFH, FIP, NFPC, CMSM, LCWR, CMSWR	

13) Educación católica

ESCUELAS CATÓLICAS

Objetivo: Aumentar el porcentaje de niños y adolescentes hispanos/latinos en escuelas católicas del 4 al 7 por ciento antes de diciembre de 2033.

Resultado: Más niños y adolescentes hispanos/latinos experimentan la educación católica y fortalecen su identidad católica y su discernimiento vocacional al servicio de la Iglesia y la sociedad.

Actividad 1:	Identificar las mejores prácticas en la inclusión de hispanos/latinos en las escuelas católicas en las catorce regiones episcopales territoriales.	*Antes de diciembre de 2024*
Actividad 2:	Promover la colaboración y el intercambio de mejores prácticas y recursos en las catorce regiones episcopales.	*Entre enero de 2025 y diciembre de 2028*
Actividad 3:	Colaborar en la organización de un simposio nacional sobre hispanos/latinos en las escuelas católicas.	*En 2026*
	Colaboradores de la USCCB: Comité de Educación Católica Colaboradores externos: Consorcio de dieciocho colegios y universidades católicas, LaRED, NFCYM, NIMYA, CCMA	

EDUCACIÓN SUPERIOR

Objetivo: Apoyar la formación pastoral y la educación superior de la comunidad hispana/latina con énfasis en los jóvenes adultos.

Resultado: Un mayor número de hispanos/latinos obtienen títulos universitarios, así como maestrías y doctorados en ministerio, teología, estudios religiosos y campos relacionados.

Actividad 1:	Colaborar en la investigación sobre formas de hacer que la educación superior sea más accesible y asequible.	*Entre junio de 2023 y diciembre de 2024*
Actividad 2:	Colaborar en la organización de un simposio nacional sobre la educación superior.	*Plazo pendiente*
	Colaboradores de la USCCB: Comité de Educación Católica Colaboradores externos: Consorcio de dieciocho colegios y universidades católicas, Asociación de Colegios y Universidades Católicas, LaRED, NFCYM, NIMYA, CCMA	

* * *

Para que no nos desanimemos por la tremenda tarea que tenemos por delante, oremos humildemente por una efusión del amor creativo del Espíritu o, como lo llama el Papa Francisco, el "desborde" (del griego *perisseuo*) mientras buscamos dar fruto en cada situación humana. "Estos desbordes de amor suceden, sobre todo, en las encrucijadas de la vida, en momentos de apertura, de fragilidad y de humildad, cuando el océano de Su amor derriba las compuertas de nuestra autosuficiencia y permite así una nueva imaginación de lo posible".[112] El Papa Francisco también nos recuerda que es el Espíritu Santo quien "nos impulsa a salir sin miedo al encuentro de los demás, y que anima a la Iglesia para que, por un proceso de conversión pastoral, sea cada vez más evangelizadora y misionera".[113]

---

112. Papa Francisco, *Soñemos juntos: El camino a un futuro mejor* (Nueva York: Simon & Schuster, 2020), 84.
113. Papa Francisco, Mensaje a la Asamblea Eclesial.

Oración

A medida que implementamos este nuevo Plan Pastoral Nacional, el amor liberador de Cristo Redentor y el amor maternal de Nuestra Señora de Guadalupe nos mueven a ser una Iglesia que sale sin temor, que acompaña más fielmente al Pueblo de Dios, y que da frutos de vida nueva, orando:

> *Dios de infinita misericordia,*
> *Tú que enviaste a tu Hijo resucitado*
> *a salir al encuentro de los discípulos de Emaús,*
> *concédenos hoy un espíritu misionero,*
> *y envíanos a salir al encuentro*
> *de nuestras hermanas y hermanos:*
> *a caminar junto a ellos en amistad,*
> *a escuchar sus tristezas y alegrías con compasión,*
> *a proclamar tu Palabra con valentía,*
> *para que puedan reconocerte de nuevo*
> *en la fracción del pan.*
> *Envíanos a todos como discípulos misioneros,*
> *mientras nos dedicamos a compartir la alegría del Evangelio*
> *con gente de todas las generaciones,*
> *de toda raza, lengua, cultura y nación.*
> *Te lo pedimos desde nuestros corazones ardientes,*
> *llenos del Espíritu Santo,*
> *en nombre de nuestro Señor Jesucristo*
> *y por la amorosa intercesión*
> *de nuestra Santa Madre María de Guadalupe,*
> *Estrella de la Nueva Evangelización.*
> *Amén.*

Etapas de desarrollo de la pastoral hispana/latina a nivel diocesano

Etapa 1: Crecimiento inicial—La pastoral hispana/latina apenas está comenzando en algunas parroquias que se encuentran en la etapa inicial de dar la bienvenida a los hispanos/latinos en su área. El apoyo diocesano generalmente ayuda a las parroquias a ofrecer la Misa y preparación sacramental en español, lo que muchas veces implica coordinar los esfuerzos de unos pocos clérigos bilingües que sirven a varias parroquias. Estudiar el crecimiento de la población y los cambios demográficos es especialmente importante en esta etapa para identificar dónde es más necesario el acceso a los sacramentos en español.

Etapa 2: Expansión orgánica—La pastoral hispana/latina se está expandiendo a más parroquias, que están comenzando a ofrecer Misa en español. El ministerio en algunas parroquias se está volviendo más integral para incluir la formación en la fe, la pastoral con adolescentes y de jóvenes adultos, la pastoral familiar, la formación para ministerios litúrgicos y los servicios

sociales, entre otros, en el idioma y el contexto cultural de los hispanos/latinos. Las oficinas diocesanas juegan un papel importante al apoyar a los líderes hispanos/latinos emergentes y brindar recursos y programas a nivel diocesano que las parroquias no pueden ofrecer por sí solas. Este apoyo muchas veces incluye la coordinación de servicios directos de ministros bilingües en varias parroquias, porque la mayoría de las parroquias no tienen personal bilingüe en esta etapa. Abogar por los recursos necesarios y el desarrollo de la capacidad interna de las parroquias son cruciales durante esta etapa.

Etapa 3: Desarrollo estructural—La pastoral hispana/latina continúa expandiéndose a más parroquias y varias parroquias han aumentado su capacidad interna. Por ejemplo, el párroco o vicario parroquial ahora puede presidir la Misa dominical y otros sacramentos, y la parroquia cuenta con personal bilingüe y líderes laicos comprometidos para coordinar e implementar varios ministerios. La comunidad hispana/latina en algunas parroquias ha llegado a la etapa de pertenencia e interactúa de manera más activa con la comunidad eclesial más amplia. Si bien la diócesis continúa brindando apoyo directo a las parroquias con poblaciones hispanas/latinas emergentes, el apoyo diocesano para la mayoría de las parroquias pasa de servicios directos a un mayor enfoque en la formación de líderes hispanos/latinos para ministerios eficaces. El fortalecimiento de la coordinación entre las oficinas diocesanas, así como el aumento de la capacidad interna de cada oficina ministerial para apoyar la pastoral hispana/latina, son cruciales en esta etapa.

Etapa 4: Responsabilidad diocesana compartida— En esta etapa, un número significativo de parroquias brinda una pastoral hispana/latina integral. La comunidad hispana/latina puede incluso formar la mayoría de los feligreses en varias de estas parroquias y puede haber pasado a la etapa de corresponsabilidad. Los líderes hispanos/latinos están activos en ministerios con todas las culturas y en todas las áreas ministeriales. Ha aumentado la coordinación entre las oficinas diocesanas, y varias oficinas diocesanas comúnmente tienen personal bilingüe entrenado en la capacidad intercultural. La pastoral de conjunto entre estas áreas de ministerio es extremadamente importante. Los responsables de la pastoral hispana/latina a nivel diocesano juegan un papel crucial en el apoyo a este nivel de colaboración y coordinación. Recomendamos encarecidamente que desempeñen un papel destacado en la planificación pastoral diocesana y en los órganos consultivos a medida que crece la población hispana/latina y continúa desarrollándose el ministerio entre los hispanos/latinos.

Apéndice B
Lista de organizaciones católicas, departamentos, principales movimientos eclesiales e iniciativas

ACTHUS	Academia de Teólogos Católicos Hispanos en los Estados Unidos
AHLMA	Asociación de Hermanas Latinas Misioneras en América
AMPHE	Asociación de Músicos Pastorales Hispanos del Este
ANSH	Asociación Nacional de Sacerdotes Hispanos
ANDH	Asociación Nacional de Diáconos Hispanos
BC	Universidad de Boston
CALL	Asociación Católica de Líderes Latinos
CCHD	Campaña Católica para el Desarrollo Humano
CCMA	Catholic Campus Ministry Association
CELAM	Consejo Episcopal Latinoamericano
CFLA	Catholic Family Life Association
CMFN	Red Católica del Campesino Migrante
CMSM	Conferencia de Superiores Mayores de Congregaciones Masculinas
CMSWR	Consejo de Superioras Mayores de los Institutos Religiosos Femeninos

CRS	Catholic Relief Services
CSMG	Reunión del Ministerio Social Católico
Cursillo de Cristiandad	
EMM	Encuentro Matrimonial Mundial
ERAVE	Equipos Regionales de Acompañamiento al V Encuentro
FCH	Federación para la Catequesis con Hispanos
FIP	Federación de Institutos Pastorales
FPFH	Federación para la Pastoral Familiar Hispana
INHL	Instituto Nacional Hispano de Liturgia
Instituto Fe y Vida	
Jóvenes Para Cristo	
JFI	Justicia para los Inmigrantes
JPHD	Departamento de Justicia, Paz y Desarrollo Humano de la USCCB
LaRED	La Red Nacional Católica de Pastoral Juvenil Hispana
LCWR	Conferencia de Liderazgo de Mujeres Religiosas
MACC	Colegio Católico Mexicano Americano
MIDCAHM	Asociación Católica del Ministerio Hispano del Medio Oeste
Movimiento Familiar Cristiano	
NALM	National Association for Lay Ministry
NCADDHM	Asociación Nacional Católica de Directores Diocesanos del Ministerio Hispano
NCCL	National Community of Catechetical Leaders
NCCS	National Catholic Committee on Scouting
NCPD	Alianza Nacional Católica sobre la Discapacidad
NCCHM	Consejo Nacional Católico para el Ministerio Hispano
NCDVD	Conferencia Nacional de Directores Diocesanos de Vocaciones
NFCYM	Federación Nacional Católica de Ministerio con Jóvenes Adolescentes
NFPC	National Federation of Priest Councils
NIMYA	National Institute for Ministry with Young Adults
NWROHA	Oficina Regional del Noroeste para Asuntos Hispanos
RECOSS	Region XI Commission for the Spanish Speaking
Renovación Carismática Católica Hispana	
SEPI	Instituto Pastoral del Sureste
USCCB	Conferencia de Obispos Católicos de los Estados Unidos
UND	Universidad de Notre Dame
VEYAHLI	Iniciativa de Liderazgo para Jóvenes Hispanos del V Encuentro